U0132126

LITERATURE
AND
ART
STUDIES
SERIES

（第三辑）

文艺研究
小丛书

经典与李白

詹福瑞 ◎ 著

陈　斐 ◎ 编

文化艺术出版社
Culture and Art Publishing House

图书在版编目（CIP）数据

经典与李白 / 詹福瑞著；陈斐编.—北京： 文化
艺术出版社，2023.11
（文艺研究小丛书 / 张颖主编.第三辑）
ISBN 978-7-5039-7511-0

Ⅰ.①经… Ⅱ.①詹… ②陈… Ⅲ.①李白（701-762）—人物研究 Ⅳ.①K825.6

中国国家版本馆CIP数据核字（2023）第211584号

经典与李白
《文艺研究小丛书》（第三辑）

主　　编	张　颖
著　　者	詹福瑞
编　　者	陈　斐
丛书统筹	李　特
责任编辑	柏　英　邓丽君
责任校对	董　斌
书籍设计	李　响　姚雪媛
出版发行	文化藝術出版社
地　　址	北京市东城区东四八条52号（100700）
网　　址	www.caaph.com
电子邮箱	s@caaph.com
电　　话	（010）84057666（总编室）　84057667（办公室） 　　　　　84057696—84057699（发行部）
传　　真	（010）84057660（总编室）　84057670（办公室） 　　　　　84057690（发行部）
经　　销	新华书店
印　　刷	国英印务有限公司
版　　次	2024年1月第1版
印　　次	2024年1月第1次印刷
开　　本	787毫米×1092毫米　1/32
印　　张	5.375
字　　数	90千字
书　　号	ISBN 978-7-5039-7511-0
定　　价	42.00元

总　序

张　颖

2019 年 11 月,《文艺研究》隆重庆祝创刊四十年，群贤毕集，于斯为盛。金宁主编以"温故开新"为题，为应时编纂的六卷本文选作序，饱含深情地道出了《文艺研究》的何所来与何处去。文中有言："历史是一条长长的水脉，每一期杂志都可以是定期的取样。"此话道出学术期刊的角色，也道出此中从业者的重大使命。

《文艺研究》审稿之严、编校之精，业界素有口碑。这本质上源于编辑者的职业意识自觉。我们的编辑出身于各学科，受过严格的学术训练，在工作中既立足学科标准，又超越单学科畛域，怀抱人文视野与时代精神。读书写作，可以是书斋里的私人爱好与自我表达；编辑出版，是作者与读者、写作与出版的中间环节，无时不在公共领域行事，负有不可推卸的公共智识传播之责。学术期刊始终围绕"什么是好文章"这一总命题作答，更是肩负着学术史重任，不可不严阵以待。本着这一意识做学术期刊，编辑需要端起一张冷面孔，同时保持一副热心肠，从严审稿，从细编校。面对纷繁的学术生态场，坚持正确的政治导向，保持冷静客观的判断；面对文字、文献、史实、逻辑，怀着高于作者本人的热忱，反反复复查证、商榷、推敲、打磨。

我们设有相应制度，以保障编辑履行上述学术史义务。除了三审加外审的审稿制度、五校加互校的校对制度，每月两度的发稿会与编后会鼓励阐发与争鸣，研讨气氛严肃而热烈。2020 年 5 月，在中国艺术研究院各级领导大力支持下，杂志社成立艺术哲学与艺术史研究中心。该中心秉持"艺术即人文"的大艺术观，旨在进一步调动我刊编辑的学术主体性与能动性，同时积极吸收优质学术资源和研究力量，推动艺术学科体系建设。

基于上述因缘，2021年年初，经文化艺术出版社社长杨斌先生提议，由杂志社牵头，成立"文艺研究小丛书"编委会。本丛书是一项长期计划，宗旨为"推举新经典"。在形式上，择取近年在我刊发文达到一定密度的作者成果，编纂成单作者单行本重新推出。在思想上，通过编者的精心构撰，使之整体化为一套有机勾连的新体系。

编委会议定编纂事宜如下。每册结构为总序＋编者导言＋作者序＋正文。编者导言由该编者撰写，用以导读正文。作者序由该册作者专为此次出版撰写，不作为必备项。正文内容的遴选遵循三条标准：同一作者在近十年发表于《文艺研究》的文章；文章兼备前沿性与经典性；原则上只选编单独署名论文，不收录合著文章。

每册正文以当时正式刊发稿为底稿。在本次编撰过程中，依如下原则修订：1. 除删去原有摘要或内容提要、关键词、作者单位、责任编辑等信息外，原则上维持原刊原貌；2. 尊重作者当下提出的修改要求，进行文字或图片的必要修订或增补；3. 文内有误或与今日出版规范相冲突者，做细节改动；4. 基本维持原刊体例，原刊体例与本刊当前体例不符者，依当前体例改；5. 为方便小开本版式阅读，原尾注形式统改为当页脚注。

编研相济，是《文艺研究》的优良传统。低调谨细，是《文艺研究》的行事作风。丛书之小，在于每册体量，不在于高远立意。如果说"四十年文选"致力于以文章连缀学术史标本，可称"温故"，那么，本丛书则面对动态生成中的鲜活学术史，汇聚热度，拓展前沿，重在"开新"。因此，眼下这套小丛书，是我们在"定期取样"之外，以崭新形式交付给学术史的报告，唯愿它能够为读者提供一定帮助或参照。

编者导言

陈　斐

　　詹福瑞是中国古代文学研究界的领军学者，这么说，不仅基于他的学术地位和社会影响——他曾任国务院学位委员会中文学科评议组成员、国家社会科学基金规划与评审委员、中国古代文学理论学会副会长、中国李白研究会副会长、中国文心雕龙学会会长等多种职务，更基于他对当代学术、文化现状的密切关注和发展方向的指擘引领。他曾在《文学评论》《文学遗产》等发表《中国古代文学研究的边缘化问题》

《关于古代文学研究的学术个性问题》等多篇文章，对研究中出现的不良倾向进行反思、针砭，对应该继承但被淡忘的优良品格予以申说、倡导，由此足见他对研究目的、意义、理路、方法等的自觉，这恐怕是一切学有所成者共同具备的品质。

而在具体论题的选择和研究中，詹福瑞也很好地践行着这些理念。这本小书收录的首发于《文艺研究》的四篇论文，是他近年出版的力作《论经典》(人民文学出版社2015年初版、2016年再版)、《诗仙·酒神·孤独旅人：李白诗文中的生命意识》(生活书店出版有限公司2021年版)中的精华章节；前者主要呈现了他对中国古代文学研究"边缘化"的反拨和对文化研究思维的应用，后者则集中体现了他敏锐的文学感悟力和鲜明的学术个性。这些，对于当下学科发展而言，颇有纠偏补弊的启示意义。

近年来，在"国学热"不断升温、诗词等中国古代文学作品越来越受到大众关注的同时，相关研究却出现了疏离主流文化、淡化现实人生的"边缘化"倾向，大有"研究者个人为学问而学问，为研究而研究"之势。詹福瑞对这种倾向做了深刻反思，指出，"现实人生永远是文学研究的出发点与归宿点"，中国古代文学研究的对象虽然是历史，但它是当代生成文化的重要组成部分，研究者的立足点应该是现实，应承担其作为人文知识分子的社会责任，关心现实人生，通过研究促进社会发展和人类进步，离开社会人生，人文学科就失去了存在的意义。[1]

当然，强调研究关注现实，并不是要研究直接服务于政治、经济等。詹福瑞对学术及学人的独立、自由至为看重，他将回到科学研究的常态视为改革开放四十年来中国古代文学研究取得的最重要的成就，对宣传、表态、研究的区分有着明确自觉。[2]他所谓"研究关注现实"，是指研究应密切关注道德沦丧、拜金主义等现实问题，"应该有对社会人生的终极关怀，并在对中国古代文学意义的理论阐释中，求真、问善、出美，激浊扬清，给人以借鉴和警示"[3]。

《论经典》一书的撰著，即源于强烈的现实关怀。长年在图书馆工作、以推动全民阅读为使命的詹福瑞觉察到，近些

1　参见詹福瑞《中国古代文学研究的边缘化问题》，《文学评论》2001年第6期；詹福瑞《学者的魅力》，《读书》2016年第6期。

2　参见詹福瑞《回归文学研究——改革开放四十年的古代文学研究》，《文学遗产》2019年第1期。

3　詹福瑞：《中国古代文学研究的边缘化问题》，《文学评论》2001年第6期。

年，随着大众文化的流行，读书也退化为单纯的消遣娱乐，读者沉溺于感性的受用，逐渐丧失理解和感受作品内涵的能力，数千年累积下来的人类优秀文化遗产——经典，正在被边缘化。现如今，我们不仅要提倡阅读，更要提倡阅读经典。那么，什么是经典？经典具有哪些属性？是如何形成的呢？只有阐明这些，才能讲清为什么要读经典。这是詹福瑞研究经典的最初动机。

同时，长期从事中国古代文学史教学与研究的詹福瑞还发现，自20世纪初以来，中文学科最为重要的课程——文学史的书写模式一直以介绍作家作品为主。但是，关于哪些作家、作品可以进史，哪些不能进史，并没有什么理论依据，基本上依靠的是经验和事实。而这，应该说是不严谨的。他认为，文学史书写遴选作家、作品，至少有两个条件：其一，是作为一个时期文学的代表，即一种文体、一个流派、一种文学现象的样品，选入文学史；其二，是作为优秀的文化遗产——经典，在文学史中给予介绍。如果选择经典进入文学史，就必然涉及何为经典的问题。

正是带着对当下大众阅读和文学史书写的关怀，詹福瑞展开了经典研究。其《论经典》一书，首先在分析历史遗留下来并被认可的经典的基础上，论析了经典的实质、属性及价值，接着探讨了经典在传播与建构过程中和政治、媒体、教育的关系，最后讨论了大众阅读与经典面临的挑战。该书2014年入选"国家哲学社会科学成果文库"，2015年出版后颇受关注，次年再版，被誉为"国内学界第一部关于经典的系统专著"[1]，不仅对普通读者阅读经典有指导意义，而且对政府的文化决策以及出版、教育事业发展有参考价值。

本书收录的《"经典"的属性及价值》《论经典的权威性》二文，浓缩了《论经典》第二至六章的精华。文章调和"正典"和"非典"两派的观点，阐释了经典的永久性、普遍性和权威性等。詹福瑞曾撰文指出，"自在的艺术作品"从来就不存在，文学自产生之初，就处于某种文化关系之中，"其他的社会文化以一种类似于场的效应的形式影响文学"，因此，要"把中国古代文学置于中国古代文化的宏阔背景和综合关系网络中加以考察"，从多种维度审视的圆融通照的文化研究，是

1　张政文:《"经典"的当代价值与本土的话语权——评詹福瑞新作〈论经典〉》，《博览群书》2015年第9期。

"切近中国古代文学性质的最佳研究思维"[1]。经典及其研究亦然。詹福瑞析论经典的属性及价值，虽以文学经典为主，但跳出了经典文本本身和文学的单一范畴，能结合历史学、语言学、哲学、政治学、社会学、传播学等多个学科的理论，在宏阔的文化视域中进行融通阐发。比如，他针对后现代否定经典的理论，基于文化价值的普遍性和连续性认识，论述经典超越时空的永久性和普遍性。再如，在析论经典的权威性时，他指出，"在精神产品的传播过程中，确实存在着权力与服从的因素"；"靠外力强加在精神产品身上的是权力而不是权威"；当权者"用权力来确立经典及其权威并使之合法化，试图控制读者的阅读行为，灌输和强推其价值观。但是由于这些所谓经典的权威来自威权，而不是来自精神产品内部，因此无法使读者从情感和理性上承认和信服"。

同样是出于对现实人生的强烈关怀，詹福瑞在进行中国古代文学研究时，选取的对象也基本是经典作家、作品，因为它们探究的往往是人类普遍面临的重要问题，并且积聚着超越

1　詹福瑞：《文化研究：寻找中国古代文学研究的最佳思维》，《文艺研究》1997年第3期。

时空、跨越国度的永恒价值。只有在经典作家、作品研究上取得突破，中国古代文学学科才能获得大的发展。遗憾的是，在"量化"考核的驱动下，学界为了"多快好省"地出"成果"，也在远离经典。

功底扎实、识见高卓的詹福瑞知难而进，一般人不敢触碰的李白，却是他投入时间和心力最多的研究对象。特别是近年出版的《诗仙·酒神·孤独旅人：李白诗文中的生命意识》，凝聚了他"半世"阅读、研究李白的心得、创获。此著颇受好评，一时纸贵，不仅融入了詹福瑞宏观经典理论研究的洞见，而且闪耀着其敏锐的文学感悟力和鲜明的学术个性。

2007 年，尚在读博的我在北师大参加全国博士生学术论坛，詹福瑞在开幕式致辞中即谆谆劝导大家努力培养阅读作品的感悟力。现在回头审视，真是获益良多。他说，文学作品首先是感性的存在，所有的意义包蕴于形象之中，研究者对于作品所蕴含的情感、思想和艺术性等，应有直觉的感应、体验、领悟和判断的能力。感悟力是研究文学的最基本、最重要的能力。可惜，现在研究者的感悟力在逐步滑坡。他还金针度人，提点了培养感悟力的途径：一是熟读、细参作品，增强悟入能力；二是关注现实，丰富阅历；三是尝试文学创作，提高文学修养。[1]

兼备学者、领导、作家三重身份的詹福瑞，有着过人的文学感悟力。师从詹锳先生读研时参与整理《李白全集校注汇释集评》（百花文艺出版社 1996 年版）的经历，培养了他扎实而高卓的阅读能力；在河北大学、中国国家图书馆的任职，使他洞明世事、练达人情；《岁月深处》（人民文学出版社 2011 年版）、《俯仰流年》（生活书店出版有限公司 2017 年版）等新诗、随笔集的撰著，让他对创作拥有了如鱼饮水、冷暖自知般的体验。凡此种种，都磨砺、成就了他敏锐的文学感悟力。

詹福瑞坦陈，不惑之年，一日读李白"君不见黄河之水天上来，奔流到海不复回。君不见高堂明镜悲白发，朝如青丝暮成雪"（《将进酒》），竟然悲从中来、怆然泣下，被伟大诗人强烈而真实的生命感撞开心扉，随即展开对李白生命意识的研究。此后因为忙于行政管理，加上自觉学识和阅历不够，便搁置下来了。直到致仕，才重拾旧题，在年近古稀时完成专著。可见，与通常勉强完成任务式的"论文体""项目体"成果不同，詹福瑞对李白生命意识的研究，从选题到研究，都浸透着深切的生

1　参见詹福瑞《古代文学研究中的文学感悟力》,《文学评论》2012 年第 1 期。

命体验与现实关怀，时机不成熟，他宁可搁置，也绝不"无病呻吟"。这使他的研究，不时能够扫除陈说，提出新见。

比如，囿于传统价值观，人们多对李白及时行乐思想持否定态度，詹福瑞却看到了背后积极的生命观。在本书收录的《"人生得意须尽欢"——试论李白的快乐主义生命观》一文中，他先是梳理了中西哲人的快乐主义生命观，然后在此背景下，详论了作为典型快乐主义者李白的生命观，认为：李白既追求功业与身后之名，又醉心于现世的享乐，功业、声名与享乐如影随形；及时行乐看似消极，实际上是他基于生命的紧迫感而提高生命质量、增加生命力度，从而追求生命意义的积极行为；他不拘守儒道固穷的节义观，追求荣华富贵，并把自由作为人生最大的快乐。无论是求取功名富贵，还是与权贵交往，李白都要保持个人的独立与自由，如果有违碍，他宁可舍弃、拒绝。詹福瑞的析论显然带着自家对生命、人生的深切体验，李白的歌哭是他的歌哭，李白的理想是他的理想，李白的纠结是他的纠结……詹福瑞是在研究李白，也是在抒写自己的心声。这种奠基于生命与生命对话基础上的研究，无疑更为深刻、通脱！

微观而论，詹福瑞敏锐的感悟力更多体现在对作品的深入细读上。这使他的论著有理有据、血肉丰满，很有吸引力。比如，《生命意识与李白之纵酒及饮酒诗》一文在分析李白晚年所作《自汉阳病酒归寄王明府》"愿扫鹦鹉洲，与君醉百场"、《醉后答丁十八以诗讥余捶碎黄鹤楼》"黄鹤高楼已捶碎，黄鹤仙人无所依……待取明朝酒醒罢，与君烂漫寻春晖"等诗句时说："这些饮酒诗多呈狂态，动辄扫平鹦鹉洲，捶碎黄鹤楼，铲去君山，借洞庭赊取月色，醉杀洞庭秋色，极尽夸饰之能事。看似酒兴豪情不减当年，甚至胜过当年，实则蕴含着一个老者贾其余勇夸其酒胆的意态，已经有了'佯狂殊可哀'（杜甫《不见》）的意味。"此等分析，即使起李白于九泉，也当引为知己，共浮一大白！

文学史从很大程度上说，是人的心灵史。但近些年来，受史学影响，学界多着力于作家生平事迹、作品版本系年等的考据，忽视了对人心灵的还原与掘发，这与研究者感悟力不高有很大关系。詹福瑞对李白生命意识的研究，与陈寅恪先生示范、我所心仪的"心史"研究[1]，脉息相通。提升感悟力，让文

1　参见陈斐《〈天地间集〉：赵宋遗民的另一部"心史"》,《中山大学学报（社会科学版）》2022 年第 5 期。

学研究回归文学、回归人的心灵，是中国古代文学研究推陈出新的当务之急。

詹福瑞神往裴斐等前辈学人饱含着风骨、深情、洞见和个性的学术境界，认为追求学术个性可以强化研究者的创新意识，带动整个学科的进步。[1]他的研究特别是李白研究，也逐渐形成了自己的学术个性，那就是：饱含着深情，浸透着感悟，通脱而又细腻，磅礴而又质实。这在千篇一律、千人一面，论著仿佛 ChatGPT（聊天机器人程序）写出来的今日学界，颇为难得。

詹福瑞在《论经典》"后记"中说："随着温习经典越来越多以及写作的深入，在沉着坚定地以仁义、民本思想救世的孔孟面前，在愤世嫉俗地以自然无为救人的庄子面前，在奋起抗争黑暗、高呼'救救孩子'的鲁迅面前，在柏拉图、莎士比亚、托尔斯泰等'西哲'面前，我强烈地感受到对当今学者文士、包括我自己甚深的失望。缺乏思想和信仰，没有悲天悯人的情怀，斤斤计较于一己之利，我们于世已经变得可有可无。"[2]这

---

1 参见詹福瑞《学者的魅力》,《读书》2016 年第 6 期；詹福瑞《关于古代文学研究的学术个性问题》,《文学遗产》2011 年第 6 期。
2 詹福瑞:《论经典》,人民文学出版社 2016 年版，第 412 页。

份诚恳的自讼令人肃然起敬，无比警醒！可以说，作为学者的詹福瑞，一切研究与思考都围绕着经典展开，他的目光紧紧盯着现实人生。

正是因为有了经典，有了致敬经典、传承经典的学者，人类虽然行恶，但是向善！

作者序

詹福瑞

我的杂撰类文章，多触物而兴，随性而写，甚至就是因为一点语感而成文；应用类的文章则拘于文体，文字比较整饬。近年来整理成书稿，其面貌终不出文学的学术圈。我常说，圈子就是每个人的命运，看来学术亦然。

学术研究著作不敢稍有马虎，一般是先做文献长编，再抽取出问题，依此构思全书框架结构、章节细目，然后一章一章写下来。全书成形之后，再一篇一篇打磨，交给刊物发表，听取意见，再做修改。所投刊物中，《文艺研究》是首选。最初起兴投《文艺研究》，原因真简单，就是看它封面设计"艺术"，典雅精致有文气；内文排版疏朗，觉得有文发在这样的刊物上文字不憋屈。因此由最初一念成为《文艺研究》的作者，逐渐发展为老作者。又因推敲文章而与编辑、主编交流甚或交锋，终成真朋友。

收入此小书中的文章，关于经典研究的有两篇，出自《论经典》。此书入选2014年度"国家哲学社会科学成果文库"，由人民文学出版社2015年3月出版，2016年9月再版。这是国内学术界首次以"经典"为中心探讨经典属性及其建构的研究著作。写作此书的动机，不仅仅在于从理论上解决经典的一些基本问题，还在于为中国古代文学史和现当代文学史的编写提供理论支撑，为提高全民阅读的质量提供理论支持。全书分为十章，三个部分。首先讨论何为经典以及围绕经典的相关争论。其次以传世的经典文本为基础，阐释经典的五个属性。最后探讨外部因素对经典的影响，即经典在传播与建构过程中与政治、媒体、教育、大众阅读的关系。

该书的基本观点为：经典属于优秀的文学遗产，但不是只具有标本意义的文学遗产，而是"活性"的、仍然参与当世文化建设的文学遗产。经典的形成，首先来自它自身的品质，如传世性、普适性、权威性、累积性、耐读性等。只有具备了这些条件，才有可能在传播过程中确立其经典的地位。当然，经典文本所具有的品质，还仅仅是其成为经典的文本条件。必须承认，经典是在传播过程中建构而成的。该书试图调和"正典"和"非典"两家的观点，首先在分析历史遗留下来并被认可的经典的基础上，讨论何为经典、经典的价值及其存在的意义；而后再来探讨经典在历史的传播与建构过程中，与政治、媒体以及教育的关系；最后讨论大众阅读与经典面临的挑战问题。

《"经典"的属性及价值》一文，撷取的是《论经典》第二章到第六章的主要内容，重点讨论经典文本的内在属性及其价值。文章指出：经典是在传播过程中建构起来的，但是经典之所以成为经典，亦有其自身的价值所在，值得我们去认真研究。哈罗德·布鲁姆说："谁让弥尔顿进入正典？这个问题的第一个解答是约翰·弥尔顿自己。"也就是说，经典的确立，首先在于经典文本本身，没有文本自身的质量，很难成为经典。因此，研究经典必须研究经典文本本身所具有的品质。

第二篇《论经典的权威性》是具有挑战性的学术话题。经典是否具有权威性，是围绕经典展开争论的主要话题之一。我虽然认为不是所有的经典都具有权威性，但是并不赞同后现代反经典和反权威的观点。理由很简单，即按照现代诠释学的理解，权威并不等同于权力，也不是衡量经典的唯一标准，然而却是经典之所以传世、受到历代读者重视的原因之一。所以研究经典，就不能不承认相当一部分经典所具有的权威性，不能不探讨经典的权威性问题。

我的文章主要辨清了三个问题。其一，权威性不是衡量经典的唯一标准。其二，真理性不是经典具有权威性的唯一原因，经典的权威性不完全取决于经典是否承载了某种真理。在传世的经典中，无可否认有些作品承载了真理或具有真理性的内容，但是并非所有的经典都具有这样的认识价值。所以不是所有的经典都具有真理性，而有无真理性也不能决定经典是否具有权威性，即真理性并不是衡量经典是否具有权威性的唯一标准，那些非带有真理性的经典并不因此而有损于它的价值，因为经典之所以传世，正在于它内涵的无限丰富性，它提供给读者的不仅仅是认识世界的价值。尤其是文学艺术，它的主要功能不是理性地认识世界，揭示社会发展的某些规律，而是作者面对世界的心灵感受。如果它也有什么认识价值的话，这种认识也是作者对于社会人生的一种审美把握和审美判断。对于这样的经典，读者越是试图从里边寻找什么规律和真理，也就越容易失去对经典的丰富内容的理解。其三，在精神产品中，权威并不等同于权力。该文借鉴了杜威科学权威乃是"集体理智"的定义和伽达默尔《真理与方法》中的"前见"说来解释经典的权威性，提出了经典权威来自判断优先的新说。经典的权威性来自读者在阅读经典时对于合于自己价值观的前见的承认和认可。如果一部经典在历代读者的不断阅读和评价中，都得到了承认和认可，就形成了杜威所说的"集体理智"，或曰"共识"，因此而具有了权威性。经典的权威不仅如伽达默尔所说的表现为对经典的承认和认可，还表现为对经典的信任与信服。如果说承认和认可是读者阅读经典时对经典接受的理性判断的话，那么读者对于经典的信任和信服，则带有明显的情感成分，是理性判断和情感仰慕相统一的阅读接受。

2021年，我研究李白的著作《诗仙·酒神·孤独旅人：李白诗文中的生命意识》在生活·读书·新知三联书店的生活书店出版有限公司出版，这是我研究经典的具体实践。此书从生命角度观照李白，结合李白的生平遭际分析其诗文文本，论述李白诗文中光阴意象所表现的生命本质、李白快乐主义的生命观、李白对生命价值的追求与生命本质的塑造、李白作为天才诗人独特的孤独心理体验、李白的心灵逃逸与解脱之道，试图呈现一个肉体与精神的李白、天才诗人与俗世凡人的李白。此书出版后，一年之间四次印刷，获得国家图书馆第十七届文津图书奖。

发表于《文艺研究》的两篇文章，借用现在的项目语言，属于撰写此书的阶段性成果。李白之纵酒、李白诗文中所表现出的浓郁的追求快乐思想，都是李白身上带有胎痕性的印记，如何评价，是学术界面临的难点。纵酒尚可解释为魏晋以来士人追求个性、反抗现实的传统，是李白大济天下的理想与现实发生冲突的矫激反应。但快乐主义尤其是李白身上表现出的及时享乐思想，很少有人正面评价，甚至避而不谈，因为我们从来就视快乐主义为一种负面的人生态度。我的文章引证中外哲人关于快乐的论述，肯定了快乐主义生命观，认为快乐从根本上说是生命的目的，也是生活的目的。在对待生命的态度上，李白是典型的快乐主义者。他的作品毫不掩饰地表现出对生命快乐的向往以及得到快乐的幸福感。李白追求的快乐，既有社会所肯定的事功、崇尚声名不朽的精神层面，亦表现在古今中外多持否定态度的声色宴饮等感官层面。文章从内在思想基础和外在原因等方面对李白诗文中经常出现的及时行乐思想做了分析，指出及时行乐思想是李白实现生命社会价值的追求与社会发生冲突、理想无法实现的矫激行为。文章还通过分析李白不辞富贵与粪土王侯的矛盾得出结论：对于以李白为代表的中国古代士人而言，人格的尊严、心灵的自由，是其获得生命快乐的根本源泉。正面肯定快乐主义生命观，似乎要冒很大风险，但诚如古希腊哲学家伊壁鸠鲁所说，快乐是"首要的和天生的善"，罗素亦说，"我把快乐视为善"。追求快乐，回避痛苦，是人的天性，不应否定。我认为，对李白追求生命快乐的描述，还原了一个真实的有血有肉的李白。

四篇文章，能在《文艺研究》刊发而扩大影响，本就十分幸运，如今又结集出版，与《文艺研究》的缘分又加深了一层。借此机会，感谢原主编方宁先生和主编金宁先生的厚爱，感谢陈斐先生的推荐和编辑。陈斐先生是研究古代文学的青年才俊，近年来与我在唐诗选本整理方面有很好的合作。他治学颇为严谨，这也表现在他的编刊上。在学术研究的道路上，能够遇到这样的编辑，也是一件幸事。

2023 年 6 月 10 日

目录

"经典"的属性及价值

    进入 20 世纪 90 年代以来，既受西方文化思潮的影响，同时也是为了重写现代和当代文学史的需要，在中国发生了关于经典的争论，学术界，更确切地说是在现当代文学研究界，逐渐陷入有关经典的焦虑。争论固然激烈，却主要集中于经典的铨选机制上，缺乏对于经典基本属性的基础理论研究，而这项工作对于经典的认识至关重要，同时也关系到当代有无经典以及能否铨选经典的判断，关系到是否提倡阅读经典这样一些问题。本文即试图在分析历史遗留下来并被认可的经典的基础上，讨论经典的两个基本属性，并论述其价值及其存在的意义。

一

经典的最常见定义，就是所谓的"时间检验说"，或者称为"历史检验说"，即经典必为传世之作。所谓"传世"，自然属于文化遗产，这应该是经典的基本属性。冯友兰在《我的读书经验》一文中说："自古以来，已经有一位最公正的评选家，有许多推荐者向它推荐好书。这个选家就是时间，这些推荐者就是群众。历来的群众，把他们认为有价值的书，推荐给时间。时间照着他们的推荐，对于那些没有永久价值的书都刷下去了，把那些有永久价值的书流传下来。从古以来流传下来的书，都是经过历来群众的推荐，经过时间的选择，流传了下来……现在我们所称谓'经典著作'或'古典著作'的书都是经过时间考验，流传下来的。"[1]这是对时间或历史检验说极为巧妙的比喻。哈罗德·布鲁姆也说，经典就是"从过去所有的

1　冯友兰：《我的读书经验》,《书林》1983 年第 1 期。

作品之中被保留下来的精品"[1]。美国诗人和文学批评家艾略特《什么是经典作品?》说:"经典作品只是在事后从历史的视角才被看作是经典作品的。"[2]在这里,艾略特强调,经典非关作者之写作动机,与当代亦有距离,它是从历史的视角下审视,才被确定下来的。历史的视角,当然不能被理解为经典是客观自然形成的,如我们惯常所认为的那样,而是说经典的确认,必须经过较长的历史时间,才可以认识清楚。撒缪尔·约翰逊有一段著名的论述:"有一些作品,它们的价值不是绝对的和肯定的,而是逐渐被人发现的和经过比较后才能认识的……对于这样一些作品,除了看它们是否能够经久和不断地受到读者重视外,不可能采用任何其它标准。人类长期保存的东西都是经过经常的检查和比较而加以肯定的;正因为经常的比较证实了这些东西的价值,人类才坚持保存并且继续珍贵这些东西。"[3]约翰逊认为,时间给了不同时代的读者检查和比较的空

---

1 〔美〕哈洛·卜伦:《西方正典》,高志仁译,(台湾)立绪文化事业有限公司1998年版,第24页。哈洛·卜伦即哈罗德·布鲁姆。

2 《艾略特诗学文集》,王恩衷编译,樊心民校,国际文化出版公司1989年版,第190页。

3 〔英〕撒缪尔·约翰逊:《莎士比亚戏剧集序言》,李赋宁、潘家洵译,载文艺理论译丛编辑委员会编《文艺理论译丛》1958年第4期,人民文学出版社1958年版,第141—142页。

间，并由于他们长久的周到的思索，证实了经典的价值。而弗兰克·席柏莱也认为，对一部作品客观的审美性质的判断，"可能需要时间——为了研究这作品并获致各种知识和经验等等；可能需要数代人的时间，使具体的一致意见超越我们称作时尚风气等的暂时影响而逐渐形成"[1]。时间可以使读者克服一个时代或某个时期社会风尚或审美风尚的制约和局限。这里特别应该注意的是"时尚风气"，也就是说经典的价值的确定，必须克服单个时代受时代政治、经济和文化影响的阅读价值判断。经典是经过时间检验的说法，涉及两个问题。

（一）时间对于经典的重要意义在何处？"假设时间的检验有效，是哪一些特殊的过程使它有效？时间本身并不起作用，在一系列时期中发生了什么使时间起作用的事？"[2]关于这个问题，约翰逊和席柏莱的论述都有所涉及。在经典确认的过程中，时间首先发挥的是克服某一特定时期意识形态和社会风尚

---

1 原文见《亚里士多德学会增刊》第十二卷，第49—50页，转引自〔英〕迈克尔·泰纳《时间的检验》，陆建德译，载中国社会科学院外国文学研究所《世界文论》编辑委员会编《重新解读伟大的传统——文学史论研究》，社会科学文献出版社1993年版，第211页。

2 〔英〕迈克尔·泰纳：《时间的检验》，陆建德译，载中国社会科学院外国文学研究所《世界文论》编辑委员会编《重新解读伟大的传统——文学史论研究》，社会科学文献出版社1993年版，第205页。

对作品认识之局限的作用。应该承认，人们的阅读首先是个人性的行为，每个人的阅读兴趣、阅读对象，都有其个别性和特殊性，所以可以说一个人有一个人的阅读史。不仅如此，一个时期或时代的人们对事物的认识，必然受到他所处的时代的限制，阅读中对作品的欣赏、理解、判断亦受到时代各种条件的影响和限制。因此，也可以说一个时代有一个时代的阅读史。受读书个别性和特殊性的影响，有的作家，在当代受到追捧，但是在后代却遭到贬抑，隔代之后，再获好评；有的作家，名没当代，经过相当长的一段时期，才被发掘出来。阿尔维托·曼古埃尔《阅读史》说："阅读的历史亦不符合各文学史的年代学，因为对某一位特别作家的阅读历史常常不是以那位作家的处女作开始，而是以作者的一名未来读者开始：藏书癖者莫理斯·海涅和法国超现实主义者将德·萨德侯爵从受谴的色情文学书架中拯救出来，在此之前，萨德的著作在那里尘封了 150 多年；威廉·布莱克在遭受两个多世纪的漠视后，到了我们的时代，因凯恩斯爵士和弗莱的热忱，使他的作品成为每一个学院的必修课程。"[1]德·萨德是法国颇受争议也颇有影响的

1 ［加］阿尔维托·曼古埃尔：《阅读史》，吴昌杰译，商务印书馆 2002 年版，第 25 页。

作家和哲学家，其小说以描写人的情色而著名于世，其哲学以宣扬暴力与疼痛合乎自然而被称为"萨德主义"。他的作品一百多年难见天日。然而到了20世纪，萨德却被波德莱尔发现，受到超现实主义艺术家阿波利奈尔的重视。而到了罗兰·巴特那里，萨德甚至被视为与普鲁斯特平起平坐的作家，一时成为法国被研究的热门作家。威廉·布莱克也是如此。他出身贫寒，没有受过正规教育，有着浓厚的宗教意识，其诗歌作品《天真之歌》《经验之歌》等充满了神秘感，所以他的诗歌在世时未受重视。直到19、20世纪之交，叶芝等人重编了布莱克的诗集，人们发现了他的作品的天真与丰富的想象力。布莱克现在已经被誉为与乔叟、斯宾塞、莎士比亚、弥尔顿、华兹华斯齐名的英国文学史上伟大的诗人之一。

这种情况在我国也存在。有些经典名扬当代，如李白的诗赋，在李白活着的盛唐时期，就负有盛名。据李阳冰《草堂集序》，天宝中李白被唐玄宗召入翰林，唐玄宗曾对他说："卿是布衣，名为朕知，非素蓄道义，何以及此。"[1]李白闻名于朝廷，是玄宗所谓的"道义"吗？是才名，更确切地说，是诗赋，如

---

1 （清）王琦注：《李太白全集》，中华书局1977年版，第1446页。

裴敬《翰林学士李公墓碑》所说，李白是"以诗著名，召入翰林"[1]的。当然，朝廷的厚遇确实也进一步扩大了李白作品的影响。魏颢《李翰林集序》有云："白与古人争长，三字九言，鬼出神入，瞠若乎后耳。白久居峨眉，与丹丘因持盈法师达，白亦因之入翰林，名动京师，《大鹏赋》时家藏一本，故宾客贺公奇白风骨，呼为谪仙子。"[2]中唐时期的著名诗人韩愈《调张籍》诗云："李杜文章在，光焰万丈长。"[3]这就是对李白当世诗名的最好概括。然而到了宋代，对李白却多了批评之声。北宋时期王安石编李白、杜甫、韩愈和欧阳修《四家诗选》，李白居于选诗最后一位。原因何在？王安石有云："太白词语迅快，无疏脱处；然其识污下，诗词十句九句言妇人酒耳。"[4]至于二苏对李白的评价，颇有不同。苏轼在《李太白碑阴记》赞扬李白"已气盖天下"，"戏万乘若僚友，视俦列如草芥。雄节迈伦，高气盖世"[5]。苏辙评价则很低，他在《诗病五事》中说：

1　（清）王琦注：《李太白全集》，中华书局 1977 年版，第 1469 页。

2　（清）王琦注：《李太白全集》，中华书局 1977 年版，第 1448—1449 页。

3　屈守元、常思春主编：《韩愈全集校注》，四川大学出版社 1996 年版，第 703 页。

4　（宋）惠洪：《冷斋夜话》卷五《舒王编四家诗》，中华书局 1988 年版，第 43 页。

5　（宋）苏轼：《李太白碑阴记》，载张志烈等校注《苏轼全集校注》第十一册，河北人民出版社 2010 年版，第 1092 页。

"李白诗类其为人，骏发豪放，华而不实，好事喜名，不知义理之所在。"[1]到了南宋时期，对李白的评价越发低下。赵次公《杜工部草堂记》云："李、杜号诗人之雄。而白之诗多在于风月草木之间、神仙虚无之说，亦何补于教化哉！"[2]罗大经《鹤林玉露》亦云："李太白当王室多难、海宇横溃之日，作为诗歌，不过豪侠使气，狂醉于花月之间耳。社稷苍生，曾不系其心胸，其视杜少陵之忧国忧民，岂可同年语哉！"[3]受这种认识的影响，李白文集在宋代的流传也比较少。至于李白作品注本也只有南宋杨齐贤的《集注李白诗》以及宋末元初萧士赟在杨注基础上所作的《分类补注李太白集》。而在宋代，与李白齐名的唐代著名诗人杜甫的影响则甚巨，史有"千家注杜"之说。与李白相比，我国另一位著名诗人陶渊明则是生前寂寞、身后著名。陶渊明逝世于宋文帝元嘉四年（427），虽然同时友人颜延年写了《靖节征士诔》，但并不闻名。到了梁代大通（529）年间，也就是经过了一个世纪，昭明太子萧统才发现了

1　（宋）苏辙：《栾城集》，曾枣庄、马德富校点，上海古籍出版社2009年版，第1552页。

2　（清）王琦注：《李太白全集》，中华书局1977年版，第1533页。

3　（宋）罗大经：《李杜》，载《鹤林玉露》丙编，王瑞来点校，中华书局1983年版，第341页。

这位伟大诗人，编了《陶渊明文集》，序云："余爱嗜其文，不能释手，尚想其德，恨不同时。故更加搜求，粗为区目。"[1]并写了陶渊明传记。但是，萧统的《文选》虽然选了陶渊明作品，然而不过六首诗和一篇文而已。其实在齐梁时期，陶渊明作品很难说有什么影响，所以沈约的《宋书》把陶渊明列入《隐逸传》，而专门讨论文学的《宋书·谢灵运传论》则根本未及陶渊明。萧子显《南齐书·文学传论》和刘勰《文心雕龙》中也都未提陶渊明。钟嵘《诗品》评论了陶渊明，说他："文体省净，殆无长语。笃意真古，辞兴婉惬。每观其文，想其人德。"但是又说："世叹其质直。"[2]虽然给了他古今隐逸诗人之宗的地位，却因为他的诗过于质直而列之中品。陶渊明的经典作家地位是在宋代才被确定下来的。宋治平三年（1066）思悦《书靖节先生集后》云："今观其风致孤迈，蹈厉淳源，又非晋宋间作者所能造也。"[3]曾纮说："余尝评陶公诗，语造平淡，而寓意深远；外若枯槁，而中实敷腴：真诗人之冠冕也。"[4]已经

1　袁行霈：《陶渊明集笺注》，中华书局2003年版，第614页。
2　（梁）钟嵘著，曹旭集注：《诗品集注（增订本）》，上海古籍出版社2011年版，第336—337页。
3　袁行霈：《陶渊明集笺注》，中华书局2003年版，第615—616页。
4　袁行霈：《陶渊明集笺注》，中华书局2003年版，第616页。

从晋宋之优秀作家，抬升为古今诗人的领袖了。苏轼一生写了一百零九首和陶诗，并评价陶渊明诗："吾于诗人无所甚好，独好渊明之诗。渊明作诗不多，然其诗质而实绮，癯而实腴。自曹、刘、鲍、谢、李、杜，诸人皆莫及也。"[1]而苏辙也写了四十四首和陶诗。阿尔维托·曼谷埃尔所举萨德和布莱克著作的遭遇，以及李白和陶渊明的遭际，说明一本书或一个人的作品是否受到欢迎，不完全在于作品本身，更重要的是取决于某一时代的一些读者。一般作品是如此，经典亦不例外。经典在一个时期被埋没，而在另一个时期被发现，足以证明经典的永恒性是相对而非绝对的。埋没与发现，从布莱克的情况来看不在于经典本身。经典作品一经诞生，就自然成为一个存在的客体。这个客体是被湮没于浩如烟海的精神产品之中，还是终于会被发掘出来，读者当然发挥了重要作用，更确切地说，在于时代赋予读者的特定性的眼光，这里包括读者的注意力、读者的兴趣所在、读者的价值观所左右的评价标准等。所以我们相信，精神产品如果是优秀的，具备了经典的条件，迟早会被发现，会被肯定。但是何时被发现，却有机缘凑合的条件，要受

1　袁行霈：《陶渊明集笺注》，中华书局2003年版，第662页。

到读者所处时代的制约与影响。如上所述，李白在宋代颇受批评，与北宋时期儒学的地位的进一步巩固、理学的兴起和南宋的社稷倾危有关。陶渊明的诗在齐梁时期评价不是很高，也与齐梁时期审美风尚重辞采相关。萧统编《文选》，其标准就是"事出于沉思，义归乎翰藻"[1]的。而一个作家、一部作品被某一时期的读者发掘出来之后，是否在此后的更多时期和时代同样受到关注和欢迎，则是经典能否最终确定下来的关键，也就是说，时间可以克服以上所说的认识局限。

经过了比较长的历史时间，究竟有些什么样的事情会影响到人们对经典的认识呢？那就是在这段较长的历史时期内，社会的政治、经济和文化都有可能发生比较大的变化，而人们的思想意识也会随之发生变化。在社会和人们的精神都发生变化的背景下，读者对作品的认识会克服个别性和特殊性，在整体上产生一种客观的趋同倾向。也就是说，不同时期的读者对作品文本中一些基本的东西，如内容的含义、思想倾向以及艺术品位，会在其认识的个别性和特殊性的基础之上，产生基本趋同的情势。尤其是精神产品的价值，优秀或低劣的精神产品，

---

1 （梁）萧统：《文选序》，载（唐）李善注《文选》，中华书局1977年版，第2页。

会得到不同时期读者的"公认"。正是从这个意义上说，经典必须要经历较长时间的淘汰和检验，才能确定下来。居罗利《规范》一文引"保守主义批评"的观点云："他们指出这样一个事实，即伟大作品并不通过读者与作品同时代的单个'选票'而获得规范性。相反，一部规范的作品必定意味着代代相传，后来的读者不断地证实对作品伟大性的评判，好像几乎每一代都重新评判了这部作品的质量。"[1]居罗利所说的保守主义，就是指后现代之外的传统的批评观点。而所谓的"重新评判"，实际上就是客观的"规范性"克服时代的局限而得以不断地析出。伽达默尔在讲时间距离的诠释学意义时指出："正是这种经验在历史研究中导致了这样一种观念，即只有从某种历史距离出发，才可能达到客观的认识。的确，一件事情所包含的东西，即居于事情本身中的内容，只有当它脱离了那种由当时环境而产生的现实性时才显现出来。一个历史事件的可综览性（Überschaubarkeit）、相对的封闭性，它与充实着当代的各种意见的距离——在某种意义上都是历史理解的真正积极

1　Frank Lentricchia、Thomas McLaughlin 编：《文学批评术语》，张京媛等译，（香港）牛津大学出版社 1994 年版，第 323 页。

的条件。"[1] 时间所发挥的作用，就是拉开一段历史的距离，使认识对象脱离当下环境所产生的"现实性"；就是不断地过滤掉读者认识的"当代的"主观干扰，使对精神产品的判断，尤其对于其永存意义的认识，克服来自读者和时代的个别性和特殊性，趋于客观，实则就是趋同。近来王兆鹏率领他的团队做了一件既有争议同时也颇有意义的工作，那就是出版了《唐诗排行榜》。此书认为："一部作品能否成为名篇，不是由某一个时期某一个人确定的，而是在历史上由公众确认的。能够得到公众持久认同的作品，才是名篇。"[2] 这与冯友兰的见解是一致的。根据这种认识，此书以历代唐诗选本、历代唐诗评论、20世纪唐诗研究论文、文学史著作和网络链接作为唐诗引用的统计数据，从而得出名篇的排名。姑且不论当代文学、研究文章和网络链接所涉及的唐诗，仅仅因为此书采集了历史上具有代表性和影响力较大的唐诗选本七十余种，上百种选本、诗话、笔记、序跋中关于唐诗的评论，此书所作的唐诗排行，就颇能反映唐诗的名篇经历历史检验成为经典的历程。在唐诗名篇排

1　[德]汉斯-格奥尔格·伽达默尔:《诠释学 I：真理与方法》，洪汉鼎译，商务印书馆 2010 年版，第 421 页。
2　王兆鹏等:《唐诗排行榜》，中华书局 2011 年版，"前言"，第 4 页。

行的前三十名中，李白和杜甫，王维和孟浩然，李商隐和杜牧以及高适、王勃、王昌龄、柳宗元、白居易、刘禹锡等皆在其中。这个排行榜对于考察经典的意义在于它以数据统计告诉我们，经典确实是经过了历代读者的不断评价，从而肯定了它的质量，确定了它经典的地位。那么，这个"历代"有几代？所谓的"较长时间"究竟有多长？爱德华·希尔斯《论传统》认为，至少要三百年才可以称之为"传统"，这样讲未免太绝对。但是此种理论可以说明这样一个问题，所谓"传统"，是指经过长时间而延续下来的事物。经典也是要经历较长时间而流传下来的作品。

这个"时间"，首先是指时间自然的长度。从陶渊明和威廉·布莱克的遭际来看，他们被发现至少经历了一个世纪。所谓的"时间"，不仅指自然的时间，同时也是指经典要经过两个甚至更多的社会制度和意识形态、更多的文化阶段检验的历史的时间。我们都知道，不同的社会制度和意识形态，不仅反映了社会发展的不同历史阶段，而且更重要的是代表了不同的利益集团和不同的价值观。因此对精神产品的判断，自然带有阶级的利益集团的局限，甚至偏见。所以跨越不同社会制度、超越不同意识形态的历史的时间，可以最大限度地克服对精神产品判断的局限。哈罗德·布鲁姆即认为："有关正典地位的预言必须在一个作家去世之后，经过大约两个世代的验证。"[1]这两个世代，据我看来，讲的不仅仅是时间的长度，还包含了不同的政治、经济和文化阶段的概念。《红楼梦》《水浒传》在清代都是禁书。《红楼梦》之所以遭到禁毁，是因为此书通过贾宝玉、林黛玉等青年男女而反映出的价值诉求，不符合甚至违背了封建社会主流意识形态的价值观，如对科举的憎恶，对男女自由婚姻与情爱的追求，等等。而《水浒传》则以主要笔墨描写封建社会从皇帝到官员的昏庸腐败，鼓吹官逼民反，替天行道，用正面的笔墨来塑造造反的"贼民"，把以宋江为首的一百单八将写成英雄，更是对封建政权的公然颠覆。当然，现在这两部作品的经典价值已经家喻户晓了。这些例子足可以说明，经典的确立必须经过一段历史，更确切地说，是要经过不同的社会制度和不同的意识形态的历史。

（二）精神产品是否具有永久性的问题，即经典从时间的维度来衡量，是否具有永久价值的问题。迈克尔·泰纳在《时

1　［美］哈洛·卜伦：《西方正典》，高志仁译，（台湾）立绪文化事业有限公司1998年版，第734页。

间的检验》中说："时间检验的实质，就在于发现哪一些作品具有可以被称为经典的优点，有益于我们的生活。"[1] 时间检验的实质乃在于经典的永久的价值。然而经典是否具有永久性，具有永久的价值和魅力？后现代主义显然是持反对意见的。后现代学者颠覆经典的指导思想是文化的多元性和断裂性，"后现代主义宣扬其对不确定性、开放性和多元性的信仰"[2]，"后现代主义阅读理论怀疑任何形式的同一性或固定性"[3]，因此不认为文学作品具有永恒的价值。应该说后现代的理论对如何认识经典，是有相当的反拨作用的。的确，经典的永久性是相对的，不是绝对的。任何精神产品，都产生于一定的时间，在一定的历史时期写成，自然有其时间的局限、历史的阻隔。人类的发展自然有其阶段性，不同时期、不同时代，其文化会异中有同、同中有异。时代不同，人们所生活的社会，人们的日常习俗，人们所面对的问题，肯定会有很大的不同。因此对何

1 ［英］迈克尔·泰纳：《时间的检验》，陆建德译，载中国社会科学院外国文学研究所《世界文论》编辑委员会编《重新解读伟大的传统——文学史论研究》，社会科学文献出版社1993年版，第218页。

2 ［英］史蒂文·康纳：《后现代主义文化——当代理论导引》，严忠志译，商务印书馆2002年版，第26页。

3 ［英］史蒂文·康纳：《后现代主义文化——当代理论导引》，严忠志译，商务印书馆2002年版，第185页。

谓经典的认识，衡量评价经典的准则也有所不同。樊骏写过两篇文章，《〈中国现代文学研究丛刊〉十年（1979—1989）》，统计十年的研究文章："最多的是关于鲁迅的，有一百二十九篇；其次是茅盾，六十二篇；以下的顺序为老舍四十三篇，郭沫若三十五篇，曹禺三十一篇，郁达夫二十七篇，巴金二十五篇。"[1] 而另一篇文章《〈中国现代文学研究丛刊〉：又一个十年（1989—1999）》又作了一个统计："最多的是鲁迅，达四十六篇；其次是老舍，有二十八篇；以下顺序是：茅盾、张爱玲各十七篇，郭沫若十六篇，巴金、郁达夫各十五篇。""曹禺、庐隐各六篇。"[2] 以 1989 年为界，前十年研究鲁迅、郭沫若、茅盾、巴金、老舍和曹禺的文章占作家作品研究的半数以上，而后十年间则缩减为五分之一。与此同时，关于张爱玲、萧红、林语堂等人的文章明显增多。这足以证明时代变化给经典的认定带来的变化。"像张爱玲、萧红这样两位思想取向和艺术风格、文学成就和历史地位各不相同的女作家，竟然同时成为研究的热点，成果增幅又都如此突出，足以表明研究者的价值判

1　樊骏:《中国现代文学论集》，人民文学出版社 2006 年版，第 411 页。
2　樊骏:《中国现代文学论集》，人民文学出版社 2006 年版，第 439—440 页。

断与审美情趣、文学观念与学术选择的日趋多样，不再那么划一了。"[1]

但是我们又不能不看到，以上所说的都是文化的阶段性，而非文化的断裂性。所谓"阶段性"，是说文化既有接续，又有变异，用中国古代文学理论家刘勰的话说，是"参伍因革"，通中有变，变中有通的。只有这样，才能"文律运周，日新其业。变则堪久，通则不乏"[2]，文化因此而不断发展。而文化的断裂性，则把文化的阶段性特点强调到了极端，全然不要传统，否定既有的文化，既与文化的阶段性特征不符，也违背了文化发展的实际。后现代理论仅据文化的阶段性和不确定性，就否定文化所具有的永久性，否定经典的经久价值，无疑是偏颇的。文化既有其阶段性和流动性，亦有其连续性和稳定性。已有的文化和当下的文化共存，形成了持续不断的文化链，构成了人类的文化遗产。人类文化如同一条源远流长的河流，它所流经的任何一个时段，既有新汇入的支流河水，亦有来自源头和上游的河水。我们习惯上所说的传统，就是文化延续性和

1 樊骏：《中国现代文学论集》，人民文学出版社2006年版，第440页。
2 （梁）刘勰著，詹锳义证：《文心雕龙义证》，上海古籍出版社1989年版，第1106页。

稳定性的集中体现。代代相承的文化，有嬗变，甚至有某种意义上的断裂，也有其一以贯之的传统。这是经典永恒性的重要事实依据和理论根基。爱德华·希尔斯《论传统》说："几乎任何实质性内容都能够成为传统。人类所成就的所有精神范型，所有的信仰或思维范型，所有已形成的社会关系范型，所有的技术惯例，以及所有的物质制品或自然物质，在延续过程中，都可以成为延传对象，成为传统。"而一个传统链往往能延续很长时间："一神教传统至今已持续了二千五百到三千年之久；公民身份传统已持续了大约二千年之久；基督教传统已有将近二千年的历史；自由派传统已有几个世纪的历史；马克思主义传统也有一百三十多年的历史；艺术和文学中的'现代主义'传统持续时间，与马克思主义传统相同或略长于马克思主义传统。"[1]这里所说的传统，就是文化的连续性。

文化的连续性，一般而言，表现在语言文字、宗教信仰、文学艺术、风俗习惯等多个方面。在文化的连续性因素中，语言文字最具有代表性。一个民族的语言文字，是一个民族文化

---

1 〔美〕爱德华·希尔斯：《论传统》，傅铿、吕乐译，（台湾）桂冠图书有限公司
　1992年版，第19页。

之根，决定了这个民族的思维习惯和精神特质。哈罗德·布鲁姆即认为，欧洲的哲学、文学等精神产品的特质，都与拉丁语和希腊文字有关。中国也是如此，我们民族重实践理性的哲学、偏于抒情写意特征的文学艺术，也与象形会意的汉语言文字有着血肉的关联。中国一脉相承的语言文字，承载了中华民族丰富的传统文化。所以，我们从小学学语言，就是在学历史，也是在学传统文化。比如"安身立命"，虽然出自禅宗《景德传灯录》，然而，此一成语已经成为中国人修身立命之道，对中国古代士人影响至为深远。又如宗教信仰，在欧洲，宗教极为发达，影响亦大，对任何文化断裂说和流动说来说，这一现象都是不可逾越的挑战。中国宗教虽不发达，但是儒家思想却发挥了类宗教的作用。"五四"时期，反封建、反传统，"打倒孔家店"，儒家思想受到很大冲击，此后似乎逐渐退出了历史舞台。然而实际情况却是，由于对国民思想的影响根深蒂固，其正面和负面影响都深潜于人们的社会生活之中。近些年来，一些中国人的道德出现严重问题，有些学者想要复兴以儒家为核心的国学，欲以儒学匡救时弊。姑且不论儒学是否能够救世，但是儒家思想影响之深，却由此可见一斑。

不仅一般文化如此，就是读书行为，也有其连续性。主要表现在写与读两个方面。写书自然需要创造，尤其是经典，更是戛戛独造之作。但是，作者所受的教育，不可能完全是当代的内容，必然有传统文化。作家的文化修养应该是古今兼容的，而作者在从事写作的过程中，也离不开超越前人的意念，也就是说有前人的影子在。20世纪70年代，哈罗德·布鲁姆提出了"影响的焦虑"这一命题，研究过去作家和现在作家的关系，作家是如何"在苦苦压抑和克服那已经确立的经典传统及先驱者个人"[1]，即后来的作家如何接受并且试图摆脱经典的影响："影响的焦虑却牢牢地扎根于一切文学想象的基础。竞争——争夺审美制高点的比赛——在古希腊文学里是非常明显的。在不同的文化中，竞争的形式有所差异，但那似乎只是程度的不同。"[2]诗人创造经典的过程就是与前代作家审美竞争的过程，他要抵制和清除前代经典的强大压力，为他自己的想象创造力清理出一块天地。哈罗德·布鲁姆在《西方正典》中利用这一理论来重谈经典的焦虑："没有文学影响此一恼人且难

---

1 Frank Lentricchia、Thomas McLaughlin 编：《文学批评术语》，张京媛等译，（香港）牛津大学出版社1994年版，第267页。

2 〔美〕哈罗德·布鲁姆：《影响的焦虑》，徐文博译，江苏教育出版社2006年版，"再版前言：玷污的烦恼"，第16页。

于理解的过程，有实力的正典作品便无由产生。"[1]哈罗德·布鲁姆所说的经典焦虑，实则就是经典的影响以及作家试图超越经典的努力。哈罗德·布鲁姆之意当然在于强调经典的价值来自它的独创性，然而却也说明了另外一个问题，那就是经典影响之长久，不是一代相传，而是代代相传的。所以，单从经典影响角度来考察，正是影响与超越这一对矛盾的运动，促成了经典的生成。创作是如此，批评和阅读亦然。艾略特说："诗人，任何艺术的艺术家，谁也不能单独的具有他完全的意义。他的重要性以及我们对他的鉴赏就是鉴赏对他和已往诗人以及艺术家的关系。你不能把他单独的评价；你得把他放在前人之间来对照，来比较。我认为这是一个不仅是历史的批评原则，也是美学的批评原则。"[2]其实考察中国古代文学，我们会发现，在中国文学史上，事实上存在着很多传统。比如著名的诗骚传统，讲的就是《诗经》和楚辞对后代文学形成的影响。受《庄子》和楚辞这一文学系列影响的作品，既有庄子个性解

---

1 ［美］哈洛·卜伦:《西方正典》，高志仁译，（台湾）立绪文化事业有限公司1998年版，第12页。
2 《艾略特诗学文集》，王恩衷编译，樊心民校，国际文化出版公司1989年版，第2页。

放、超越现实的精神，以及庄、屈想象大胆奇特、造语瑰奇的特点，同时又有楚辞的激情、深情和热烈。而《诗经》传统，则主要表现为诗对现实的关怀，即诗的比兴寄托传统。这种传统表现为汉末的建安风骨、魏晋之交的魏晋风度，表现为唐代杜甫诗的即事名篇以及白居易的新乐府。白居易《读张籍古乐府》所谓"风雅比兴外，未尝著空文"[1]，说的就是《诗经》的传统。著书如此，读书亦如此。这首先基于读者与作者同样地受教育的原因，读者作为一个文化塑造的人，不可能完全是当代的，应该是一个古今文化的混血儿。所以前面所说的读书的当下立场，特定的眼光，也只是相对而言的。而且如艾略特所言，我们阅读一个作家、一部作品，如果不遵循一种历史批评的原则，和其前代的作家和作品相比，就不会准确地确定其精神价值。

正因为文化既有阶段性和流动性，又有延续性和传承性，所以后现代仅据其流动性和阶段性的一面而夸大为文化的断裂性，并进而否定具有相对长久价值的经典，显然是偏颇的。从文化的延续性和传承性来看，经典之具有永久的价值，是符合

1　顾学颉校点：《白居易集》卷一，中华书局 1979 年版，第 2 页。

文化的发展规律的。

二

经典是能够经得住时间检验和历史检验的传世之作，讲的是从时间的维度来看，经典具有的永久价值。而从空间的维度看，经典同样具有超越地域、族群的普世价值和意义。对此，后现代的学者也是持否定态度的，甚至其激烈的程度超过了对于时间维度的永久性的否定。"在他（法国后现代思潮理论家让·佛朗索瓦·利奥塔）看来，话语的异质性是必然的，永远存在着不可能被同化到普遍或者普适标准中去的差异。在《歧异》中，他还指出那种人与人相互团结、彼此具有共同性和普遍性的现代'我们'已经土崩瓦解。他认为，在奥斯威辛事件之后，我们不再有任何借口来宣称人类本是一个整体，宣称普遍性是人类的真实状况。相反，群体的碎裂化和利益的相互竞争才是后现代的真实状况。"[1]后现代既不承认精神产品超越时间的永久性价值，更不承认精神产品超越环境的普遍性价值，即超

---

1 〔美〕贝斯特（Best, S.）、〔美〕凯尔纳（Kellner, D.）：《后现代理论：批判性的质疑》，张志斌译，中央编译出版社1999年版，第222页。

越阶级、超越种族、超越地域、超越性别的普世价值。西方后现代各派别无一例外，都反对经典的普遍性。女性主义认为经典是男权主义的产物，有色人种则认为经典反映的是已死的欧洲白人的价值观，后殖民主义认为经典带有明显的欧洲中心主义的价值观，新历史主义认为权力才是构建经典的核心因素。

无疑，阶级、地域、民族和语言的不同，自然会影响到对精神产品的接受，影响到对经典的评价。艾略特的文章《什么是经典作品？》，是着重从语言成熟与否角度来讨论经典的："假如我们能找到这样一个词，它能最充分地表现我所说的'经典'的含义，那就是成熟……经典作品只可能出现在文明成熟的时候；语言及文学成熟的时候；它一定是成熟心智的产物。赋予经典作品以普遍性的正是那个文明、那种语言的重要性，以及那个诗人自身的广博的心智。"[1]"当一位伟大的诗人同时也是一位伟大的经典诗人的时候，他所用竭的就不仅仅是一种形式了，而是他那个时代的语言；在他的笔下，那个时代的

---

1 《艾略特诗学文集》，王恩衷编译，樊心民校，国际文化出版公司1989年版，第190页。

语言将达到完美的程度。"[1]语言不仅对经典的形成具有决定作用，而且不同的语言圈也给经典作品的接受带来深刻影响。因此艾略特认为歌德不能成为世界性的经典作家，其理由就是他的"德国语言以及德国文化的局限"[2]。歌德之为世界范围的经典作家，自然是得到普遍认可的，不能因为他的诗带有"地方气"，是用德国语言写的，就把它排除在经典之外。但是我们又不能不承认艾略特的观点，即语言对于经典传播范围的影响。中国经典之作在世界的传播情况也可以证明这一点。除《老子》《论语》《庄子》《红楼梦》等经典之作和屈原、李白、杜甫等经典作家的作品在世界有一定的影响之外，尚有很多经典还不为人所知，或者仅限于华文文化圈，如日本、韩国以及东南亚各国等。不仅是语言，从历史上看，不同的阶级、不同的族群，其价值观也是有差异的。即使是不同的性别，由于受到教育的机会和程度有别，也有认识上的区别，对待同一作品的评价定会有差异。

---

1 《艾略特诗学文集》，王恩衷编译，樊心民校，国际文化出版公司1989年版，第199页。
2 《艾略特诗学文集》，王恩衷编译，樊心民校，国际文化出版公司1989年版，第202页。

认识及评价文化，既要看到文化的差异性，同时也不能否认文化的共通性。而这种文化的共通性是既可以超越时间，也可以超越空间的。而且也不能不承认，即使是不同的意识形态、不同民族、不同地区、不同性别、不同语言族群，作为人，亦必然有其可以共同承认或接受的文化，而且有其共同的文化遗产。作为生活在这个地球上的唯一的具有文化的人类，如果我们没有建立在不同民族、不同语言甚至不同时代之上的对于人类社会的普世的价值观、共通的思想和文化，我们又何以能够相互理解，相互交流，生活在同一个地球上呢？譬如，无论任何社会、任何国家的人民，对真善美的追求，对假恶丑的憎恶，对自由与民主的渴望，对专制与压迫的反抗，等等，都是相同的。而但丁、莎士比亚、雨果、歌德、托尔斯泰、萨特、卡夫卡等经典作家，既是西方的，也是东方的，乃至是世界的；孔子、庄子、李白、杜甫、曹雪芹、鲁迅既是中国的、东方的，也是西方的、世界的，并且是当代的。因此，《论语》中"仁者爱人"思想，释典中普度众生的人世关怀，《老子》和《庄子》中反对过度社会化对人性的扭曲与异化，提倡自然的学说，越千年而活到现代，仍对世界思想产生着重大影响。后现代学者主张多元文化，其动机亦在反主流、反专制，在我看来与传统的追求自由与民主的价值观并无根本的原则区别。

其实任何可以称之为经典的作品，都有其反映人类普世价值观的内涵。在这一点上，必须承认"规范的保守防卫最后都必须依赖于对规范性作品内在价值的信任"[1]。我国的著名小说《红楼梦》，从其诞生直到今日，两百余年间都有众多的读者，影响至为深远，其作为一部经典的价值和意义，已得到多方面的深刻揭示。即使抛开封建社会必然衰落的社会论，此书对于曹氏家族由簪缨鼎盛之家到树倒猢狲散之衰败的描写，已经超越了家族史的范畴，从而成为社会之形象的缩影。世上没有不散的筵席，盛极必衰，或曰盛而必衰，反映的是中国人对待事物发展的观念。而作品对青年男女爱情的描写，尤其是对宝、黛爱情悲剧的表现，既可见人类对爱情与美好事物的珍惜，同时又揭示出创造珍惜美好事物是人之本性而毁灭美好事物也是人之本性的悖论，而人就是生活在这样的悖论之中的。这些应该是人类的本性，而非只有中国。当然，在《红楼梦》中，给人最为深刻启示的还是它所表现出的人生哲学。家庭的盛衰也

1　Frank Lentricchia、Thomas McLaughlin 编:《文学批评术语》，张京媛等译，（香港）牛津大学出版社 1994 年版，第 323 页。

好，人生的聚散也好，都在诉说人始终在探索、迷茫的一个问题，即人事的无常与人生的空幻。人来自何方？又归于何处？这是古今中外都在探寻的问题，又是无解的问题。《红楼梦》则以中国人的智慧告诉人们，不仅来去为空，而且存在即空。看起来极为悲观，然而无论中国人还是外国人，我们都不能不服膺它的深刻。

法国18世纪著名思想家卢梭的《论人类不平等的起源和基础》和《爱弥儿》之为经典已经无所争议了，而他的另一部重要著作《忏悔录》，虽然在西方的一些大学里已被列为经典，如美国斯坦福大学的"西方文化"课程，在"现代部分"即把卢梭的《忏悔录》列为"强烈推荐"书目。[1] 但是也应看到，在历代读者中此书仍有很大争议。然而卢梭本人却对此书充满强烈的自信，其书开篇便声明："我在从事一项前无古人、后无来者的事业。我要把一个人的真实面目全部地展示在世人面前：此人便是我。""我以同样的坦率道出了善与恶……我如实地描绘自己是个什么样的人。是可鄙可恶绝不隐瞒，是善

---

1 参见〔美〕约翰·杰洛瑞（Guillory, J.）《文化资本：论文学经典的建构》，江宁康、高巍译，南京大学出版社2011年版，第28页。

良宽厚高尚也不遮掩：我把我那你所看不到的内心暴露出来了。"[1]中外许多读者不理解卢梭为什么要这样写，甚至因此而怀疑《忏悔录》的经典地位。其实卢梭写《忏悔录》最直接的动机是要还社会一个真实的自我。但是我们知道，此书的真正价值却在于，在18世纪人性解放的启蒙运动中，他以自己大胆的忏悔，揭示了人性的美与丑、善与恶，并且深究是谁造成了本为善良平民人性的变化。诚如卢梭自己在《漫步遐想录》中说的那样："处在我这样的境遇中，什么样的本性又能不起变化？积二十年的经验，我深知大自然赋予我心的那些优秀品质，由于我的命运和操纵我命运的那些人，全都变得与己有损与人也有损了。"[2]卢梭通过描写自己人性的改变，揭示出不平等的社会制度对于人性的扭曲。《忏悔录》作为经典的意义，即在于此。无独有偶，我国现代著名作家郁达夫也写了一篇带有明显的人性探索意义的小说《沉沦》。主人公热爱自然，热爱文学，多愁善感，颇有才华，性格忧郁而又柔弱。由于追求自由，反抗专制，而被学校开除，留学日本。主人公这样的

1 〔法〕卢梭：《忏悔录》，陈筱卿译，译林出版社2011年版，第1页。
2 〔法〕卢梭：《漫步遐想录》，徐继曾译，北京十月文艺出版社2005年版，第88—89页。

遗遇，使他患上了抑郁症，陷于自闭之中。于是他在十分孤独、十分痛苦的状况下，陷入性幻想，自慰，窥视女人，窥视做爱，甚至走进青楼，以致痛苦不能自拔，投海自尽。《沉沦》主人公的遭遇，揭示了人性最为隐秘的一面，即人在青春时期对性的渴求。这是合于人性的，因而也是合理的。但是，社会的专制，民族的隔膜甚至歧视，亲人和同学的疏离，以及没有爱情、没有正常的性生活，使主人公流向窥视等性变态，心理趋于阴暗、惶恐，终于不堪其负："唉，这干燥的生涯，这干燥的生涯，世上的人又都在那里仇视我，欺侮我，连我自家的亲弟兄，自家的手足，都在那里排挤我到这世界外去。我将何以为生，我又何必生存在这多苦的世界里呢！"[1]卢梭的《忏悔录》与郁达夫的小说《沉沦》，一个为西方的经典，一个为中国的经典，但是在揭示人性以及社会对人性扭曲方面，两部经典有异曲同工之妙。从这两部经典的比较中，也进一步证明：经典必然是反映了人类普遍关注的社会人生问题，并且是承载了普世价值和意义的著作，应该是人类思想的精华。这是经典所以能够跨越地域、超越族类而得以广泛传播的根本原因。由

1　吴秀明主编：《郁达夫全集》第一卷，浙江大学出版社2007年版，第74页。

此又一次证明，真正的经典，必然是超越时代的，亦即属于全人类的精神文化产品。

在西方当代学者中，哈罗德·布鲁姆是捍卫经典的急先锋。他的《西方正典》就是一部集中讨论经典、力推经典的著作。然而，对待经典的价值，哈罗德·布鲁姆反对从政治的、道德的角度来判断。他说："西方最伟大的作家颠覆一切价值，不管是我们的还是他/她们自己的。那些要我们在柏拉图或'以赛亚书'之中为我们的道德与政治观寻根溯源的学者，实在是与我们身处的社会现实脱了节。如果阅读西方正典是为了要养成我们的社会、政治或私人的道德价值，我相信我们都会变成自私自利的恶魔。在我看来，阅读如果是为了某种意识形态，那根本不算是阅读……西方正典唯一的贡献是它适切地运用了个人自我的孤独，这份孤独终归是一个人与自身有限宿命的相遇。"[1]哈罗德·布鲁姆对经典价值的认识，彻底否定了意识形态论和政治的伦理的经典价值观，强调个人与心灵的对话，即个人的心灵的成长，其理论应该说是一种偏激的深

---

1 ［美］哈洛·卜伦：《西方正典》，高志仁译，（台湾）立绪文化事业有限公司1998年版，第41页。

刻。阅读的确具有个人的属性，因此经典与读者的关系，"是一份唯两人可共有的孤独"，也就是读者与经典这个"未曾谋面的人"[1]的对话，而这样的对话，究其实质是借助经典而进行的个人与个人心灵的交流和对话，并且使心灵在对话中冲突与碰撞、承认与否定、新生与死亡、毁灭与成长。但是，哈罗德·布鲁姆的经典价值论具有明显的偏颇，因为经典无法离开和回避政治与道德，譬如上面所说的民主和自由、高尚与卑鄙等。所以说经典的价值内涵既是社会的，又是个人的。关键在于是否能够产生于政治的、民族的、区域的环境中，而又能超越政治的、民族的、区域的域囿，反映人类普世价值和意义。

（原刊《文艺研究》2012 年第 8 期）

---

1 〔美〕哈洛·卜伦:《西方正典》，高志仁译，（台湾）立绪文化事业有限公司1998 年版，第 51 页。

论经典的权威性

讨论经典的属性，尤其是其跨地域、跨族群以及代代相传的属性，不能不涉及经典是否具有权威性的问题。国内几部有影响的词典在解释经典时，都把经典定义为权威性的著作。《辞海》解释"经典"："最重要的、有指导作用的权威著作。"[1]

---

1 《辞海》(普及本)，上海辞书出版社1999年版，第3303页。

《汉语大辞典》"经典"词条:"具有权威性的著作。"[1]《现代汉语词典》关于"经典"的词条说:"指传统的具有权威性的著作。"[2]如何看待经典的权威性是研究经典必须面对的问题。

一

按照现代诠释学的理解,权威虽然不是衡量经典的唯一标准,却是经典之所以传世并且受到历代读者重视的原因之一。所以研究经典,就不能不承认相当一部分经典具有权威性,不能不探讨经典的权威性问题。

究竟什么是权威,学术界有不同的理解。一般认为,权威主要关系到权力与服从。恩格斯关于权威有过一段论述经常被引用:"一个哪怕只由两个人组成的社会,如果每个人都不放弃一些自治权,又怎么可能存在。"[3]他还说过:"这里所说的权威,是指把别人的意志强加于我们;另一方面,权威又是以服

1 《汉语大辞典》(普及本),汉语大辞典出版社 2000 年版,第 1392 页。
2 中国社会科学院语言研究所词典编辑室编:《现代汉语词典》,商务印书馆 2008 年版,第 717 页。
3 《恩格斯致泰·库诺》,载中共中央马克思恩格斯列宁斯大林著作编译局编《马克思恩格斯选集》第四卷,人民出版社 1995 年版,第 608 页。

从为前提的。"[1] "一方面是一定的权威，不管它是怎样形成的，另一方面是一定的服从，这两者都是我们所必需的，而不管社会组织以及生产和产品流通赖以进行的物质条件是怎样的。"[2]恩格斯的这几段话，讲了两个问题：权威对于社会组织的必要性；权威的两方面属性，一种权力的确立和另一种权力的放弃，即服从。一般认为，权威是指社会对于权力的服从，应该就是从恩格斯的这一观点而来。美国学者杜威在《人的问题》一书的"权威与对社会改变的抵抗"一章中，亦讨论过权威与自由的问题。杜威认为："权威代表社会组织的稳定性，个人借此而获得方向与支持；而个人自由即代表有意识地促使产生变化的各种力量。"[3]而杜威所说的"社会组织"，即"教会和国家的一些主要的制度"以及"科学和艺术、经济生活和内政生活的标准与理想方面"[4]。由此可见，杜威所说的权威，就是政

---

1 〔德〕恩格斯：《论权威》，载《马克思恩格斯选集》第三卷，人民出版社 1995年版，第 224 页。

2 〔德〕恩格斯：《论权威》，载《马克思恩格斯选集》第三卷，人民出版社 1995年版，第 226 页。

3 〔美〕约翰·杜威：《人的问题》，傅统先等译，上海人民出版社 2006 年版，第78 页。

4 〔美〕约翰·杜威：《人的问题》，傅统先等译，上海人民出版社 2006 年版，第77 页。

治制度和其意识形态所体现出来的权力。当然，杜威为了解决这种权威与自由的对抗，寻找到"自由与权威统一的可用模型"，他又提出了"科学的权威"这一概念。科学的权威，是一种集体的权威，它的核心内涵是"在科学方法的成长与应用之中所表现出来的集体理智"[1]，"是从比较有合作组织的集体活动中产生出来的，并以它为根据"[2]。这样，权威就由权力演变为一种集体的理智，或曰"合作理智"。它是人们的一种"共识"和"信仰的统一"。由此权威也由对外在权力的服从变成了对内在共识的自觉遵守。杜威的这一理论，应该引起我们高度注意。把权威理解为集体的共同理智和共识，对于解释精神产品的权威性，是比较适用的。德国社会学家马克斯·韦伯关于权威的论述，亦强调权威之于社会组织的重要性，他认为任何组织的形成、管治和支配都应建构于某种特定的权力之上，权威能够带来秩序，消除混乱。就这一点而言，韦伯对权威重要性和必要性的认识与恩格斯的认识比较近似。不过韦伯在

---

1 〔美〕约翰·杜威:《人的问题》，傅统先等译，上海人民出版社2006年版，第87页。

2 〔美〕约翰·杜威:《人的问题》，傅统先等译，上海人民出版社2006年版，第88页。

必要性之上，又讨论了权威的合法化依据。诚如 R. 马丁所言："权威概念中，根本的要素是'合法性'（legitimacy）。'无论权威被如何定义，但几乎所有的人都以某种方式将它同合法性联系在一起。权威据说是预期和博得服从的权利'。（A. 福克斯）因此，帕森斯将权威界说为一种'包括在社会系统中控制他人行为的合法化了的权利（和或义务）'在内的优越性。（帕森斯）合法性不必延伸到整体关系，但必须延伸到它的某些方面，无论这些方面是否已被明确指定，记住这一点是重要的。"[1] 韦伯把权威的形式分为三种：依赖于传统或习俗的传统权威，领导者以其使命和愿景形成其权力基础的魅力权威，以理性和法律规定为基础的理性法定权威。韦伯对于权威的论述，主要确立了权威的三种合法化依据：法理依据、传统依据和感召力依据，即权威依据法理、传统和感召力而合法化。而这三种合法化依据，明确了一方对于权力的放弃和对另一方权力的服从，乃是建立在自愿或契约基础之上的，因此，权威不仅有被迫的权力服从，也有非被迫的传统习俗服从、魅力服从

---

1 ［英］R. 马丁：《论权威——兼论 M. 韦伯的"权威三类型说"》，罗述勇译，《国外社会科学》1987 年第 2 期。

和理性服从。而经典的权威即与此有关。

在关于权威的理论中，伽达默尔从诠释学角度对权威本质的论述，对于本文讨论经典的权威性问题，有着直接的启示意义。启蒙运动的普遍倾向就是不承认任何权威，并把一切传统都放到理性的审判台前来审视，依赖于理性而赋予其可信性，因此而排斥前见。但是在《真理与方法》一书中，伽达默尔却对启蒙运动出于批判目的而提出的前见学说给予了积极的肯定："如果我们想正确地对待人类的有限的历史的存在方式，那么我们就必须为前见概念根本恢复名誉，并承认有合理的前见存在。"[1] 因为在伽达默尔看来，启蒙运动对前见的批判本身就是一种前见，所以他提出要为权威和传统正名。根据启蒙运动赋予理性和自由概念的意义，权威概念是可以被视为与理性和自由概念相对立的盲从的。但是伽达默尔认为这不是权威的本质，他试图纠正权威就是服从及反理性的认识，并把权威从社会组织扩展到精神产品，引进启蒙运动所批评的前见，提出了判断优先性和承认、认可的观点："权威性并不是

---

1 〔德〕汉斯-格奥尔格·伽达默尔:《诠释学 I：真理与方法》，洪汉鼎译，商务印书馆 2010 年版，第 392 页。

一种要求盲目听从，禁止思考的权力优势。权威性真正的本质毋宁在于：它不是一种非理性的优势，甚至我们可以说，它可以是一种理性本身的要求，它乃是另外一种优势，以克服自己判断的观点作为前提。听从权威性就意味着领会到，他者——以及从传承物和历史中发出的其他声音——可能比自己看得更好。"[1] "的确，权威首先是人才有权威。但是，人的权威最终不是基于某种服从或抛弃理性的行动，而是基于某种承认和认可的行动——即承认和认可他人在判断和见解方面超出自己，因而他的判断领先，即他的判断与我们自己的判断具有优先性。与此相关联的是，权威不是现成被给予的，而是要我们去争取和必须去争取的，如果我们想要求权威的话。权威依赖于承认，因而依赖于一种理性本身的行动，理性知觉到它自己的局限性，因而承认他人具有更好的见解。权威的这种正确被理解的意义与盲目的服从命令毫无关联。而且权威根本就与服从毫无直接关系，而是与认可有关系。"[2] 伽达默尔关于权威的定义，重新

---

1 ［德］汉斯‐格奥尔格·伽达默尔：《诠释学Ⅱ：真理与方法》，洪汉鼎译，商务印书馆 2010 年版，第 48 页。

2 ［德］汉斯‐格奥尔格·伽达默尔：《诠释学Ⅰ：真理与方法》，洪汉鼎译，商务印书馆 2010 年版，第 396 页。

确定了权威的合法性，权威的合法性不是建立在权力的合法性之上，而是建立在判断的优先性之上。权威的本质不是服从，而是承认和认可。而这种承认和认可，又是建立在理性判断之上的，依赖于理性本身的行动。这种理论与杜威之说颇为接近。

二

我们首先讨论经典的权威性是否来自经典所具有的真理性。

在欧洲，最早的经典都与基督教神学著作有关，并且普遍认为"《圣经》是真理的律法"[1]，因此具有绝对的权威性。启蒙主义因为权威与理性的对立而反对权威；后现代又出于反理性，明确否定权威。二者反对权威，其实质都在于一般认为权威代表的是真理。在启蒙主义看来，真理亦需要经过理性的检验才能确立它的可信性。而人们恰恰认为权威代表了真理，在其面前失去理性的判断，陷入盲目的服从甚至崇拜。而后现代则认为，启蒙运动因为强调理性唯一，使启蒙理性变成了极

1　[美] 保罗·蒂利希：《基督教思想史——从其犹太和希腊发端到存在主义》，尹大贻译，东方出版社 2008 年版，第 247 页。

权,"它消灭了所有与其竞争的思维模式,使得唯独它才享有宣称真理与正确性之特权"[1]。在此情况下,失去控制的理性为精英统治的权力和权威提供了正当的理由。因此社会理性转变成非理性,启蒙转变成欺骗,自由和进步模式转变成统治和倒退。由此可见,如何对待真理成为是否肯定权威的关键。经典是否具有权威性,也与这种判断相关。

以往关于经典权威性的认识,主要是建立在人文社会科学著作是科学的基本判断之上的。也就是认为经典所描述的现实和揭示的规律,具有不可质疑的客观性和真理性:"如果要是科学的,就应该是一个寻求真理的地方。"[2]因此经典具有权力的正确性、权威的合法性。在一般人看来,经典既是一个寻求真理的地方,也是寻求权力的最好领地。在这样的认识之下,强调经典的权威性,就是强调对于经典的服从。在中国古代,我们会常见这样的思维习惯和做法。比如在中国古代,经书就是

1 〔美〕贝斯特(Best, S.)、〔美〕凯尔纳(Kellner, D.):《后现代理论:批判性的质疑》,张志斌译,中央编译出版社1999年版,第284页。
2 〔德〕马克斯·韦伯:《社会科学方法论》,朱红文等译,中国人民大学出版社1992年版,第56页。

"恒久之至道，不刊之鸿教"[1]，是圣人修身和治国之道的集中体现。因此无论君臣，都奉经典为圭臬，既从经书中寻找治国之道、理世之方，也从经书中寻找君臣互为制约的理据。经书既是皇帝寻求权力合法化的宝典，事实上亦成为士人约束皇帝的法典。赵翼《廿二史劄记·汉时以经义断事》即罗列了大量此类史实："汉初法制未备，每有大事，朝臣得援经以折衷是非。如张汤为廷尉，每决大狱，欲传古义，乃请博士弟子治《尚书》《春秋》者补廷尉史，亭疑奏谳；（《汤传》）倪宽为廷尉掾，以古义决疑狱，奏辄报可；（《宽传》）张敞为京兆尹，每朝廷大议，敞引古今，处便宜，公卿皆服，是也；（《敞传》）今见于各传者，宣帝时有一男子诣阙，自称卫太子，举朝莫敢发言。京兆尹隽不疑至，即令缚之。或以为是非未可知，不疑曰：'昔蒯聩违命出奔，辄拒而不纳，《春秋》是之。卫太子得罪先帝，已为罪人矣。'帝及霍光闻之，曰：'公卿当用经术明大义者。'（《不疑传》）匈奴大乱，议者遂欲举兵灭之。萧望之曰：《春秋》：士匄侵齐，闻齐侯卒，引师还。君子善其不伐丧。今宜

1　（梁）刘勰著，詹锳义证：《文心雕龙义证·宗经》，上海古籍出版社1989年版，第56页。

遣使吊问，则四夷闻之，咸服中国之仁义。'宣帝从之，呼韩邪单于遂内属。(《望之传》)朱博、赵玄、傅晏等奏何武、傅喜虽已罢退，仍宜革爵。彭宣劾奏博、玄、晏等欲禁锢大臣，以专国权。诏下公卿议。龚胜引叔孙侨如欲专国，谮季孙行父于晋，晋人执囚行父，《春秋》重而书之。今傅晏等职为乱阶，宜治其罪。哀帝乃削晏封户，坐玄罪。(《朱博传》)哀帝宠董贤，以武库兵送其第，毋将隆奏：《春秋》之谊，家不藏甲，所以抑臣威也。孔子曰：奚取于三家之堂？臣请收还武库。'(《隆传》)贾捐之与杨兴迎合石显，上书荐显，为显所恶，下狱定谳，引《书》'谗说殄行'，《王制》'顺非而泽'，请论如法。捐之遂弃市，兴减死一等。(《捐之传》)"[1] 援经义以断事，固然是因为汉代初年法制未建，但是却反映出经典在汉代政治生活中的权威地位。而这种情况一直得到延续。如汉武帝初即位，令郡国举孝廉，策贤良，董仲舒以贤良对策，凡三策，董仲舒皆引用《春秋》之说以为经典，所谓"《春秋》大一统者，天地之常经，古今之通谊也"[2]，阐发其天人合一思想，引导武帝的治国

1 （清）赵翼：《赵翼全集》第一册《廿二史劄记》上，曹光甫校点，凤凰出版社2009年版，第37页。
2 （汉）班固：《汉书·董仲舒传》，中华书局1962年版，第2523页。

之道，大获成功，直接推动了罢黜百家、独尊儒术政策的出台。

而在今天，也正是出于同样的观念，一些部门会以下发命令的形式，强制推行经典，也会通过课程设置的形式来从制度上确立经典的合法性。因为在这些部门看来，推行经典就是推行真理，至少是读者接近真理的重要途径。而读者则为这种理论所误导，以为经典就是真理的化身，放弃了个人理性判断的权利，陷入对经典的盲目崇拜和信任。这种情况在宗教经典和意识形态属性的经典的接受与传播中，体现得尤为突出。在宗教和某种意识形态的信徒那里，经典带有不可怀疑的神圣性，"唯有正统的宗教——或者更准确地说：由教义约束的教派——能赋予文化价值的内容以绝对有效的道德律令的地位"[1]。因此对于信徒们来说，经典的真理光环解除了他们理性的武装，取代了他们知性的判断，使之陷于顶礼膜拜的狂热虔诚中。而这正是源自对于经典权威的偏颇理解和宣传。

事实上，经典的权威性并非完全决定于经典是否承载了某种真理。伽达默尔承认权威也是一种真理源泉的可能性，但

1　[德]马克斯·韦伯：《社会科学方法论》，朱红文等译，中国人民大学出版社1992年版，第53—54页。

仅仅是可能性而已，并非是真理的唯一源泉。在传世的经典中，无可否认有些作品是承载了真理或具有真理性的内容，但是并非所有的经典都具有这样的认识价值。所以不是所有的经典都具有真理性，而有无真理性也不能决定经典是否权威，即真理性并不是衡量经典是否具有权威性的唯一标准。那些不带有真理性的经典，价值并不因此而受损。因为经典之所以传世，正在于它内涵的无限丰富性，它提供给读者的不仅仅是认识世界的价值。尤其是文学艺术，它的主要功能不是理性地认识世界，揭示社会发展的某些规律，而是作者面对世界的心灵感受。如果它也有什么认识价值的话，这种认识也是作者对于社会人生的一种审美把握、审美判断。对于这样的经典，读者越是试图从里边寻找什么规律和真理，也就越容易失去对经典的丰富内容的理解。诚如马克斯·韦伯所说："对于认识具体的历史现象来说，最一般的规律，因为它们最缺乏内容，因而也是最没有价值的。"[1]例如，《红楼梦》中所表现出的人世极盛而衰思想，是中国古代士人关于历史和人事的一种比较普遍的

1　[德]马克斯·韦伯:《社会科学方法论》，朱红文等译，中国人民大学出版社1992年版，第76页。

看法。这种看法很难说是关于历史与人事的规律性的认识，不具有唯一正确性。然而我们看到，古人的这种见解却蕴含着中国哲学关于事物两极转换的理念，因而它深刻地影响了中国人的历史观和人生观。仅就此而言，《红楼梦》的权威性不是表现在它反映了关于历史与人事的真理，而是其关于历史与人事的一种见解所产生的甚深甚巨的影响——一种影响了中国人上千年的带有宿命论的历史与人事智慧。还有，《红楼梦》中关于宝玉和黛玉爱情悲剧的描写，作者的真实意图也不是如一般评论所说的那样，为了反对封建社会的腐朽，揭示其必然灭亡的命运。这样理解宝、黛爱情悲剧，小说的思想意义确是被放大了，却过滤掉了《红楼梦》这一内容的丰富内涵和意义。曹雪芹通过贾宝玉之口谈过他对女孩子的看法，即女孩子是水做的，本应是世界上最为清纯美丽之物，所以他设置的大观园，实则是钟天地之神秀的地方，是贾府里边的一块净土，尽储美丽于一园。而林黛玉又是这个美丽之园的班主。这个人物的毁灭，寄予了作者极大的无奈和失望。读者从中可以感受到甚深的空幻感。这些都非反封建所能涵盖。就此而言，揭示封建社会必然灭亡命运的概括，套用马克斯·韦伯的话说，"因为它们最缺乏内容，因而也是最没有价值的"。

经典具有超越时间和地域、族群的普世价值，而这种普世价值也不是只含有真理性。经典具有真理性，自然是其获得权威性的重要条件，但不是唯一条件。在经典所表现出的普世价值中，有的属于认识论的范畴，有的则属于道德论的范畴。道德虽然是对人的合理性规范，并且是个体的自我节制行为的规范，但它却是建立在个体伦理和情感的判断基础之上的，既不具有客观性，也不具有真理性，更不具有唯一正确性。对于这样的经典，如果按照传统的关于社会科学的标准来衡量，很难说其具有权威性。因为伦理和情感的判断，不是客观的判断，是带有很强的主观性的判断。中国的经典著作《论语》所具有的思想就多属于道德论的范畴。周作人《论语小记》说："《论语》二十篇所说多是做人处世的道理，不谈鬼神，不谈灵魂，不言性与天道，所以是切实。但是这里有好思想也是属于持身接物的，可以供后人的取法，却不能定作天经地义的教条，更没有什么政治哲学的精义，可以治国平天下，假如从这边去看，那边正是空虚了。"[1]顾颉刚也说："我们读论语，便

1　周作人：《苦茶随笔》，载《周作人全集》第三册，(台湾)蓝灯文化事业股份有限公司1992年版，第12页。

可知道他修养的意味极重，政治的意味很少。"[1]譬如孔子关于"仁"的言说，是其思想体系中的核心部分。但是孔子所讨论的"仁"，表达的都不是什么规律，而是孔子所提倡的伦理价值观。《论语·颜渊》："樊迟问仁，子曰，爱人。"[2]这就是孔子著名的仁学思想的核心内涵。如果你要想成为一个有仁德的人，就应该具备爱人的仁慈情怀，这是孔子所提倡的仁者的品质。既是提倡，就不具有必然性，而是一种合理的选择。"夫仁者，己欲立而立人，己欲达而达人。"[3]这也是孔子所认为的仁者的伦理修养和情怀。仁者之心，就是把他人看成和自己一样的人，应该是推己及人的，自己欲立事，就要考虑别人也应该有这样的希望，以此而立人。自己想发达，就想到他人也会如此，由此而使他人发达。这还是一种倡导，给人提出一个达到仁者的方向。所以出自伦理的规范，是建立在个人自愿选择的主体性心理和行为之上的。"仁远乎哉？我欲仁，斯仁至矣。"[4]这是人们的主动选择，而非被动的服从。一为或然，一

---

1 顾颉刚讲，尤伯熙记：《孔子何以成为圣人》，载厦门大学编译委员会编《厦门大学演讲集》第一集，厦门大学印刷所1931年版，第94页。
2 《论语·颜渊》，载（宋）朱熹《论语集注》卷六，北京图书馆出版社2001年版。
3 《论语·雍也》，载（宋）朱熹《论语集注》卷三，北京图书馆出版社2001年版。
4 《论语·述而》，载（宋）朱熹《论语集注》卷四，北京图书馆出版社2001年版。

为必然，这就是道德性判断和真理性判断的区别。经典的普世性价值，不仅体现在后者，也包容了前者。由此可见，经典权威性来自经典所具有的真理性的认识，是片面的。

三

作为人文社会科学，仅仅就作品本身来讨论经典的权威性，而不考虑读者对于经典的接受，从方法论的角度来看，显然既不现实也没有意义。人文社会科学是否是科学，学界尚有不同看法，即使与自然科学同属于科学，它与自然科学也有着很大的差异。其中很重要的方面，就在于人文社会科学研究的对象不是客观的自然现象，而是人和人的行为本身，因此离不开研究者的价值判断。社会现象只有同研究者的价值观联系起来，才对研究者有意义。马克斯·韦伯说："我们称那些按现象的文化意义来分析生活现象的学科为'文化科学'。一种文化现象构型的意义以及这种意义的根据无论如何不能根据一种分析性规律（Gesetzesbegriffen）体系来推导并明白地表达，不管这种分析性规律体系是多么完善，因为文化事件的意义预先就含有一种对这些事件的价值取向。文化概念是一个价值概念。因为并且只有当我们把经验现实与价值观念联系起来时，它在我们看来才成为'文化'。它包括那些且只是包含那些因为这种价值关联而在我们看来变成有意义的那部分现实。只有一小部分现存的具体现实被我们受价值制约的兴趣改变颜色，并且也只有它才是对我们有意义的。它之所以有意义是因为它揭示了对我们来说很重要的一些联系，而它们之所以重要又是因为与我们的价值有关联。"[1]马克斯·韦伯讨论的问题不是阅读问题，而是社会科学的特殊性，他认为，文化科学的决定性特征在于具体的研究对象与研究者的价值关联。然而这个理论启示我们，经典的意义产生于经典的具体文本与读者的价值关联中。经典的价值不是自然显现出来，只有经过读者的接受才会产生意义。经典的意义，不在经典本身，而在于经典文本与读者阅读的关系中。就此而言，伽达默尔立足于诠释学对权威的揭示，对于我们正确理解经典的权威性颇有启发意义。

从读者接受的视角来审视经典，其权威性又当如何理解呢？依照马克斯·韦伯关于社会科学的观点，无论经典含有多

---

1 〔德〕马克斯·韦伯：《社会科学方法论》，朱红文等译，中国人民大学出版社1992年版，第72页。

少关于世界的规律性认识，包含有多少真理，如果不与读者形成价值关联，也就不会产生影响和意义。在这里边，读者的价值观也是一种前见，只有这种前见和精神产品发生关系，才会产生阅读的意义。而在读者阅读中，经典权威性的确立，依照伽达默尔的判断优先性定义来看，主要体现在中国所说的"先见之明"。也就是经典中所表达的见解，是优先于读者的前见。或者是读者并未意识到的前见，或者是读者已经意识到但是还未达到经典之深度的前见，或者是读者已经意识到但是却无法用文字表达出来的前见。伊塔洛·卡尔维诺在《为什么读经典》中说到这样一种阅读经典现象："一部经典作品不一定要教导我们一些我们不知道的东西；有时候我们在一部经典作品中发现我们已知道或总以为我们已知道的东西，却没有料到我们所知道的东西是那个经典文本首先说出来的（或那个想法与那个文本有一种特殊联系）。这种发现同时也是非常令人满足的意外。例如当我们弄清楚一个想法的来源，或它与某个文本的联系，或谁先说了，我们总会有这种感觉。"[1]卡尔维诺所描

_____

1 〔意〕卡尔维诺：《为什么读经典》，黄灿然、李桂蜜译，译林出版社2006年版，第5页。

述的阅读经典的感受，就是伽达默尔所说的判断性优先，或曰前见。这种前见，也可能是对事物规律的认识，也可能是对社会人生的一种情感反应，是否有真理性不仅无法涵盖其前见，而且也不能决定其是否权威。读者阅读时，经典权威产生的关键，首先在于经典的前见与读者的价值观接近或吻合，读者与经典在价值观上达成了杜威所说的"共识"，或者是经典的前见与读者的价值观相左，但是经典说服了读者认同了经典的价值观，这是读者承认经典的见解和判断超出自己的前提，没有价值观上的接近和吻合以及读者被经典说服这个前提，没有读者对于经典价值观的认同，就会产生读者对经典的拒斥，因而也就谈不上认可。然后才是判断优先的认可。即读者在阅读经典过程中，认识到自己见解的局限，承认经典的判断比自己先行一步，而且比自己的见解更加完善。总之，经典的权威性来自读者在阅读经典时对于合于自己价值观的前见的承认和认可。如果一部经典在历代读者的不断阅读和评价中，都得到了承认和认可，就形成了杜威所说的"集体理智"，或曰"共识"，因此具有了权威性。

经典的权威，不仅如伽达默尔所说的表现为对经典的承认和认可，还表现为对经典的信任与信服。如果说承认和认可是读者阅读经典时对经典接受的理性判断的话，那么读者对于经典的信任和信服，则带有明显的情感成分，是理性判断和情感仰慕相统一的阅读接受。

读者对经典的信任和信服，最初很有可能受教育左右，而且也不能排除他人前见对读者接受的影响。中小学语文、历史教材所选入的传统文章，多为名篇，有的即是经典，这自然会给读者带来深刻的印痕。约翰·杰洛瑞说："经典性并非作品本身具有的特性，而是作品的传播所具有的特性，是作品与学校课程大纲中其他作品分布关系的特性。"[1] 杰洛瑞这里讲的主要是经典建构于学校课程的观点，但是确实也反映出学校教学对于读者接受经典的影响。学校课程中选入的篇章，会在一定程度上影响到读者，所以当他后来有机会再阅读经典时，中小学受教育时接触到的作者和作品，会成为其阅读的前见，形成对这些经典已然的信任。如果读者在大学接受的是人文社会科学教育，那么大学课程中讲授的作者和作品，会比其在中小学接触到的作者和作品更为深刻地影响到他以后阅读的选择，会更深地影响

1　[美]约翰·杰洛瑞（Guillory, J.）：《文化资本：论文学经典的建构》，江宁康、高巍译，南京大学出版社 2011 年版，第 50 页。

到其对经典的信任和信服。因此费迪曼说："我们几乎每个人都觉得自己懂得莎士比亚，但其实懂的只不过是别人预先传达给我们的知识。因此，要欣赏莎士比亚，我们必须先从心中祛除高中或大学课堂上学得的公式性看法，当然，这是一件很难的事。"[1]由此可见，教育确实在经典的接受过程中发挥了重要的影响。其次是读者之间的交流。某人阅读了哪一部经典，推荐给另一位读者，他的建言也会成为读者阅读的前见，影响到他对被推荐经典的信任。此类情况尚有先在的评论，如反映在古代文学评价上的诗话、词话、序跋、评点、评论、笔记、选集等，都会成为读者阅读的前见，使读者产生对经典的信任或信服。

然而真正的信任和信服，不是来自他人前见的影响，而是来自读者对于经典的个人阅读与理解，来自读者个人与经典之间的私密交流。体现经典超越时空的传世价值和普世价值的内容，一般而言都是与人类的生存与绵延以及个体的成长和完善密切相关的话题，是任何人都密切关注的，也是精神产品集中探讨和反映的。读者阅读经典，有的带有明确的求知目的。中文系学生在学校的经典阅读，首先是为了获取与经典学科方向

---

1 〔美〕费迪曼：《一生的读书计划》，花城出版社 1981 年版，第 68 页。

相同的知识；其次是为了学科训练，从经典中获取文学写作与批评的标准和规范。但是社会普通读者阅读经典则不然，不能排除即使是普通读者阅读经典也有其明确的求知的目的，但是也可以肯定未必所有人都怀着从经典作品中获益的初衷，有相当一部分人只是出于消遣。但是随着阅读的深入，经典的思想魅力连同其语言或审美魅力会逐渐展现，说服读者，征服读者，甚至会导致他们对经典的崇拜。在这样的交流过程中，读者不可能消除个人的前见而走向经典，但是，随着阅读的展开，读者会自然地对照经典，"检查本身具有的前意见是否合法，亦即检验它的来源和作用"[1]。

在阅读中，经典对于读者的前见会产生两种不同的作用。

其一，经典不仅仅是证实了读者的前见，并且超越了读者已有的认识，深化了读者的前见，由此而生成读者对于经典的敬佩。在《世说新语·文学》中讲了西晋时与郭象同好老庄的庾敳读书的故事："庾子嵩读《庄子》，开卷一尺许便放去，曰：'了不异人意。'"[2] 仅从此处记载看，似乎是庾敳因为《庄

1　[德] 汉斯-格奥尔格·伽达默尔：《诠释学Ⅱ：真理与方法》，洪汉鼎译，商务印书馆 2010 年版，第 74 页。

2　余嘉锡笺疏：《世说新语笺疏·文学》，中华书局 2007 年版，第 241 页。

子》的见解和自己的见解完全相同而失去阅读的兴趣。然而从刘孝标注引《晋阳秋》记载看，庾氏实际上是读了《庄子》，十分钦服："自谓是老庄之徒。曰：'昔未读此书，意尝谓至理如此。今见之，正与人意暗同。'"[1] 也就是说，庾敳在未读《庄子》之前，就已经自己感悟到了与《庄子》相近的人生至理，及至读到了《庄子》，乃感叹竟然与自己的想法如此暗合。《晋书·庾峻传》附《庾敳传》记载："敳字子嵩。长不满七尺，而腰带十围，雅有远韵。为陈留相，未尝以事婴心，从容酣畅，寄通而已。处众人中，居然独立。尝读《老》《庄》，曰：'正与人意暗同。'"又记载庾敳："迁吏部郎。是时天下多故，机变屡起，敳常静默无为。"[2] 从《晋书》记载可见，庾敳性格本来就有淡远之风，不以世事为怀，后来庾敳阅读《庄子》，印证了自己的人生观，因此服膺了《庄子》，于是自称为庄子之徒。庾敳处于西晋后期的政治多事之秋，因此以老庄的无为之术作为自己的处世之道，纵心事外而自保。据《晋书》本传：郭象善老庄，时人以为王弼之亚。庾敳就有些不服气，说："郭

1　余嘉锡笺疏：《世说新语笺疏·文学》，中华书局 2007 年版，第 241 页。
2　（唐）房玄龄等：《晋书·庾峻传》，中华书局 1974 年版，第 1395—1396 页。

子玄何必灭庾子嵩！"就是说对庄子的熟悉既有郭象，也有庾敳，应该是二者并驾齐驱的。但是，后来郭象做了东海王、太傅司马越的主簿，任势专权，而庾敳则任司马越的军谘祭酒，此时的庾敳对郭象说："卿自是当世大才，我畴昔之意都已尽矣。"摆出了低姿态。当时，刘舆也见任于司马越，许多士人都被其构陷，只有庾敳纵心事外，无迹可间。刘舆了解到庾敳人俭家富，怂恿司马越向庾敳换钱千万，如果庾敳吝啬不肯，就可乘机构陷他。司马越在众人之中向庾敳提出换钱事，而此时的庾敳："乃颓然已醉，帻堕机上，以头就穿取，徐答云：'下官家有二千万，随公所取矣。'舆于是乃服。"[1]由这些记载来看，庾敳颇近正始时期的阮籍，遵从老庄的无为守弱之道，游处于险恶的政治环境中，以求全身远害。我们再来考察他留下的两篇文章，基本上表达的都是老庄的思想。《意赋》很明显是受了庄子思想的影响，通篇演绎齐物论的观点。《庄子》说："天地与我并生，而万物与我为一。"[2]又说："道通为

1 （唐）房玄龄等：《晋书·庾峻传》，中华书局 1974 年版，第 1396 页。
2 （西晋）郭象注，（唐）成玄英疏：《庄子注疏》卷一《齐物论》，曹础基、黄兰发点校，中华书局 2011 年版，第 44 页。

一。"[1] 这是庾敳《意赋》中"至理归于浑一"所本。自其之初始而言，万物本就处于浑一不分的自然状态，这是合于道的。人事也是如此，因此，人应识破人生的固执。在庄子看来，一切皆是相对的："天下莫大于秋豪之末，而太山为小；莫寿乎殇子，而彭祖为夭。"[2] 庾敳则在此基础之上，进一步生发为宇宙天地皆极为短暂的认识："天地短于朝生兮，亿代促于始旦。顾瞻宇宙微细兮，眇若豪锋之半。"天地在人看来似是长久，然而与其浑一之初相比，它不过是朝生之菌；亿代当然为人世之长者，但是与天地相比，亦不过短似一个早晨而已。如此说来，无尽无期的宇宙，也不过细如豪锋之半。因此人应节制情欲，排遣秽累，"纵驱于辽廓之庭兮，委体于寂寥之馆"，即体无为之道。如果说《意赋》主要是演绎《庄子》齐物思想的话，而《幽人箴》则主要演绎的是《老子》守虚静的道。《幽人箴》："有物混成，先天地生。乃剖乃判，二仪既分。"[3] 首二

---

1 （西晋）郭象注，（唐）成玄英疏：《庄子注疏》卷一《齐物论》，曹础基、黄兰发点校，中华书局2011年版，第38页。

2 （西晋）郭象注，（唐）成玄英疏：《庄子注疏》卷一《齐物论》，曹础基、黄兰发点校，中华书局2011年版，第44页。

3 （清）严可均编：《全上古三代秦汉三国六朝文》第四册《全晋文》卷三六，河北教育出版社1997年版，第375页。下引《幽人箴》同此。

句直接取自《老子》第二十五章。而后表达了尊卑贵贱皆出于自然、荣辱安危处于转换之中的认识。老子认为："祸兮，福之所倚；福兮，祸之所伏。"[1] 人事常常是祸福转换的。庾敳的《幽人箴》亦讲："荣辱相换，乾道尚谦。人神同符，危由忽安。"所以"贵不足荣，利不足希。华繁则零，乐极则悲"。富贵不足荣耀，荣华亦不足恃，迟早会乐极生悲。因此庾敳主张要遵守老子的守虚处静之道。《老子》第九章："持而盈之，不如其已。揣而锐之，不可常保。金玉满堂，莫之能守。富贵而骄，自遗其咎。功成身退，天之道。"[2] 第七十七章："天之道，其犹张弓欤？高者抑之，下者举之，有余者损之，不足者补之。天之道，损有余而补不足。人之道则不然，损不足以奉有余。孰能有余以奉天下？唯有道者。是以圣人为而不恃，功成而不处，其不欲见贤。"[3] 老子认为，天之道就是处弱守虚，"曲

---

1 《老子》第五十八章，载任继愈《老子绎读》，北京图书馆出版社 2006 年版，第 127 页。

2 《老子》第九章，载任继愈《老子绎读》，北京图书馆出版社 2006 年版，第 19—20 页。

3 《老子》第七十七章，载任继愈《老子绎读》，北京图书馆出版社 2006 年版，第 169—170 页。

则全，枉则直，洼则盈，敝则新，少则多，多则惑"[1]。因此要"知其雄，守其雌，为天下溪"[2]，甘于守弱，并且对待天下之事物不能追求圆满，追求圆满就会适得其反。因此提倡不自见，不自是，不自伐，不自矜，不与天下争，学会知足知止，功成身退。庾敳的《幽人箴》表达了同样的观点，就是守虚尚谦，知退知止。事实上庾敳也正是在现实中这样做的。庾敳阅读《庄子》的例子，是经典印证、深化了读者前见，并且深刻影响了读者的典型事例。

其二，经典的见解由于比读者的前见更高明，修正或完全推翻了读者的前见。无论来自读者早年的教育或其他途径获得的成见，在阅读经典时，被经典部分或全部推翻，转而接受了经典的见解。刘小枫《这一代人的怕和爱》曾经讲到他阅读俄罗斯作家帕乌斯托夫斯基创作杂记《金蔷薇》的感受。他是在20世纪70年代初期那个特殊年代偶然间阅读到《金蔷薇》这本书的。他说："每一代人大概都有自己青春与共的伴

---

1 《老子》第二十二章，载任继愈《老子绎读》，北京图书馆出版社2006年版，第47页。
2 《老子》第二十八章，载任继愈《老子绎读》，北京图书馆出版社2006年版，第62页。

枕书。我们这一代曾疯狂地吞噬着《钢铁是怎样炼成的》和《牛虻》中的激情，吞噬着语录的教诲。谁也没有想到，这一切竟然会被《金蔷薇》这本薄薄的小册子给取代了！我们的心灵不再为保尔的遭遇而流泪，而是为维罗纳晚祷的钟声而流泪。这是两种截然不同的理想，可以说，理想主义的土壤已然重新耕耘，我们已经开始倾近怕和爱的生活。"[1]《钢铁是怎样炼成的》和《牛虻》这样的小说究竟给了刘小枫什么样的先见呢？刘小枫的另一篇文章《牛虻和他的父亲、情人和她的情人》讨论过这个问题："好长一段日子，我都以为丽莲的《牛虻》讲的是革命故事。"[2] "一九七一年冬天，我第一次读到《牛虻》……牛虻为革命事业悲壮牺牲的豪情像身体上分泌出来的液体，抑制了我心中的琼玛疼痛。牛虻的革命经历有何等勾魂摄魄的情感经历啊！我想有一番属于自己的革命经历，以便也能拥有可歌可泣的一生情爱！牛虻献身的是一场救国的革命——用官话说，是爱国主义的革命，用学究话说，是民族国家的独立革命：意大利要摆脱奥匈帝国的统治。不过，对我

1　刘小枫：《这一代人的怕和爱》，华夏出版社 2012 年版，第 14—15 页。
2　刘小枫：《沉重的肉身》，华夏出版社 2007 年版，第 34 页。

来说，牛虻的革命经历之所以勾魂摄魄，是因为他献身革命而拥有了自己饱满的生命和情爱。我产生出这样的想法：要拥有自己饱满的生命和情爱，就必须去革命。丽莲讲叙的牛虻，成为我心中的楷模。"[1] 由此可见，刘小枫 20 世纪 70 年代读《牛虻》所获得的前见，乃是革命的理想和革命的爱情。这正是那个年代知识青年所获得的特有的教育、所拥有的一般理想。然而帕乌斯托夫斯基的《金蔷薇》改变了刘小枫的前见："《金蔷薇》竟然会成为这一代人的灵魂再生之源，并且规定了这一代人终身无法摆脱理想主义的痕印，对于作者和译者来说，当然都是出乎意料的。"[2] 改变了刘小枫革命理想的，是来自《金蔷薇》的宗教理想："这无疑是历史的偶然，而我们则是有幸于这偶然。如此偶然使我们已然开始接近一种我们的民族文化根本缺乏的宗教品质；禀有这种品质，才会拒斥那种自恃与天同一的狂妄；禀有这种品质，才会理解俄罗斯文化中与被钉死在十字架上的耶稣一同受苦的精神；禀有这种品质，才会透过历史的随意性，从根本上来看待自己受折磨的遭

1　刘小枫:《沉重的肉身》，华夏出版社 2007 年版，第 34—36 页。
2　刘小枫:《这一代人的怕和爱》，华夏出版社 2012 年版，第 15 页。

遇。"[1] 在这里我们姑且不去讨论一代人的理想是否很轻易地就被一本薄薄的小册子改变，改变一个人的理想尚且不易，更何况一代人的理想。但是，从刘小枫的叙述来看，《金蔷薇》确实深刻地影响了刘小枫，改变了他的理想，也就是此文所说的阅读前见。综上可见，对经典的权威性起着决定意义的不是诸如教育、权威机构的命令等外在的力量，而是来自经典自身的品质（思想与艺术）与读者阅读过程中对这种品质的接受。类似于人与人的晤谈中，一个人对另一个人的说服，辩论赛中甲方对乙方的征服。

四

现在，我们再回到关于权威与权力的讨论。按照恩格斯的观点，权威就是一部分人放弃权力，服从另一部分人的权力。在阅读经典时，经典是否也表现为一种权力？与之相连，是否也存在读者与经典的服从关系呢？对此伽达默尔是持否定态度的，他明确指出，"权威根本就与服从毫无关系"。这是因为伽

1　刘小枫：《这一代人的怕和爱》，华夏出版社 2012 年版，第 15 页。

达默尔把服从视为一种放弃理性和自由的行为。

　　然而事实情况是，在精神产品的传播过程中，确实存在着权力与服从的因素。不同时期的当权者把某些精神产品确定为经典，并以之作为权力的化身，强制推行。读者则不得不服从这些精神产品的权威。不过，这是来自精神产品之外的权力，是附加于精神产品之上而非来自精神产品本身的权力，是权力使其确认的经典的权威合法化，而不是精神产品自身权威的合法化。在此情况下，读者对权力者确认的经典权威的服从，是非自愿因而也是非认可而被动接受的。以伽达默尔对权威的理解来看，靠外力强加在精神产品身上的是权力而不是权威。通常情况下，当权者推行经典的目的，是靠经典来寻租权力，确认和巩固当权者利益集团的价值观。他们用权力来确立经典及其权威并使之合法化，试图控制读者的阅读行为，灌输和强推其价值观。但是由于这些所谓经典的权威来自威权，而不是来自精神产品内部，因此无法使读者从情感和理性上承认和信服。

　　经典的权威来自读者阅读行为本身，来自读者理性的自觉的行为。经典的权威的确立，与其说是读者自觉地放弃了个人的前见而主动地服膺经典，不如说是读者在经典中重新确认了自己前见的合法性。一方面，是经典说服了读者，使读者认可或服膺经典对于社会人生的见解比自己更加高明，从而重新确立了自己的前见；另一方面，读者又从经典中找到了自己的同谋，达到了某种共识，从而确认了自己见解的合理合情。因此，经典的权威性，不是使读者放弃思想的权力，丧失思考的信心，而是进一步坚定了读者的思考信心，坚守思想的权力。

（原刊《文艺研究》2015 年第 3 期）

"人生得意须尽欢"

——试论李白的快乐主义生命观

无论古今中外，对待生命和生命的体现——生活，都有一种影响很大的思想：快乐主义。快乐，从根本上说是生命的本质，也是生活的目的，自然也是一种生活的态度。代表了这一思想的哲学家，西方有伊壁鸠鲁、罗素，中国有老庄、列子，而在文学作品中，李白的诗歌也鲜明地表现出追求生命快乐的态度。囿于传统的价值观，学术界对快乐主义的生命观一直持否定态度，因此缺乏对李白快乐主义生命观的考察与研究。但李白的诗对快乐的追求是如此耀眼，直接影响到他对功名理想、富贵荣华、士人节义与自由的态度，不得不深究之。

一、快乐主义的生命哲学

考察中外的生命哲学，快乐主义是无法回避的重要生命观。对快乐主义生命哲学的梳理，有助于加深我们对李白快乐主义生命观的认识。

古希腊哲学家伊壁鸠鲁认为，快乐就是生活的目的，"正因为如此，我们才说快乐是幸福生活的开端和终点，因为我们认为它是首要的和天生的善，我们对一切事物的选择和规避，都从它出发，又回到它，仿佛我们乃是以感受为准绳去判断所有的善似的"[1]。善是合于人之目的的行为。人之目就是"在我们的悟性里设想了一个最完满的人的观念"，"凡是有助于使我们接近这种完满的，我们将称之为善"[2]。从这一原则出

---

1 〔古罗马〕拉尔修：《名哲言行录》，徐开来、溥林译，广西师范大学出版社 2010 年版，第 535 页。
2 〔荷兰〕斯宾诺莎：《简论上帝、人及其心灵健康》，顾寿观译，商务印书馆 2011 年版，第 96 页。

发，伊壁鸠鲁主张："智慧的人在采摘时间的时候，追求的也不是最长，而是最快乐。"[1]与其追求寿命长，不如追求生活快乐，他试图把人们从不死的渴望中解放出来，转而谋求人生的快乐，享受生命。

伊壁鸠鲁把人生的快乐分为感官快乐和灵魂快乐两种，而且从其留存下来的极少文献看，他似乎更重灵魂之快乐："当我们说快乐就是目的的时候，我们指的并非那种荒淫无度的快乐，或沉溺于感官享受的快乐——就像那些对我们的看法无知、反对或恶意曲解的人所认为的那样；相反，我们指的是身体的无痛苦和灵魂的无纷扰。因为快乐不是无止境的狂欢滥饮，也不是沉溺于娈童和女人的美色，也不是享受鱼肉和餐桌上其他带来甜美生活的美味佳肴，而是冷静的推理，找出我们进行所有选择和规避的原因，将那些让灵魂陷入最大纷乱的观念赶走。"[2]其实，伊壁鸠鲁所强调的是，追求感官快乐要有限度，应在理性的指引下明智地"度量快乐的限度"，"我们应该

---

1 〔古罗马〕拉尔修：《名哲言行录》，徐开来、溥林译，广西师范大学出版社2010年版，第534页。

2 〔古罗马〕拉尔修：《名哲言行录》，徐开来、溥林译，广西师范大学出版社2010年版，第536页。

要求平衡，要求安宁的快乐而不要求激烈的欢乐"[1]，既不要沉溺于身体的享乐之中不能自拔，也不要妄想长生不老，以此解除对死亡的恐惧。但这样，并非不要身体的快乐，"如果抛开由美味而来的快乐、由情爱而来的快乐、由优美的声音而来的快乐，以及由美丽的形式而来的快乐，那我根本无法思考什么是善"[2]。"一切善的根源都是口腹的快乐；哪怕智慧与文化也必须推源于此。""心灵的快乐就是对肉体快乐的观赏。心灵的快乐之唯一高出于肉体快乐的地方，就是我们可以学会观赏快乐而不观赏痛苦；因此比起身体的快乐来，我们就更能够控制心灵的快乐。"[3]他甚至说："对于那些放荡者而言，如果那些让他们快乐的事情真的能够解除其内心对天象、死亡和痛苦的恐惧，能够教导他们懂得欲望的限度，那我们就没有必要指责他们，因为他们在各方面都充满了快乐，因为他们既无身体的痛

---

1 〔英〕罗素：《西方哲学史·上卷》，何兆武、李约瑟译，商务印书馆 2012 年版，第 366 页。

2 〔古罗马〕拉尔修：《名哲言行录》，徐开来、溥林译，广西师范大学出版社 2010 年版，第 491 页。

3 〔英〕罗素：《西方哲学史·上卷》，何兆武、李约瑟译，商务印书馆 2012 年版，第 366 页。

苦，也无灵魂的纷扰——而它们就是恶。"[1]只要快乐能够解除人对死亡的恐惧，解除人的痛苦，放荡也可以免除指责。

伊壁鸠鲁的快乐主义，其实受柏拉图的学生阿里斯提珀斯和库瑞涅学派思想的影响。库瑞涅学派认为：人有两种境况，即快乐和痛苦，对一切生物而言，都会喜欢快乐，远离痛苦，"以下事实可以证明快乐是目的：从孩提时起，我们就本能地为它所吸引，而一旦获得，我们就不再寻求任何其他东西，甚至根本不害怕它的反面，即痛苦"，因此"快乐更适合本性"[2]。他们甚至认为，肉体快乐远比灵魂快乐要好。阿里斯提珀斯说，"没有任何东西能阻止一个人过奢侈而美好的生活"[3]，"最好的情形不是不享受快乐，而是支配快乐但不被它们征服"[4]。而伊壁鸠鲁的快乐主义则在库瑞涅学派的快乐理论上有所改变，"伊壁鸠鲁的哲学正像他那时代所有的哲学（只有怀疑主

---

1 〔古罗马〕拉尔修:《名哲言行录》，徐开来、溥林译，广西师范大学出版社2010年版，第540页。

2 〔古罗马〕拉尔修:《名哲言行录》，徐开来、溥林译，广西师范大学出版社2010年版，第108页。

3 〔古罗马〕拉尔修:《名哲言行录》，徐开来、溥林译，广西师范大学出版社2010年版，第101页。

4 〔古罗马〕拉尔修:《名哲言行录》，徐开来、溥林译，广西师范大学出版社2010年版，第103页。

义是部分的例外）一样，主要的是想要获得恬静"[1]，也就是说，他把心灵的安宁、恬静视为生命的最大快乐，因此更强调灵魂快乐高于肉体快乐。

伊壁鸠鲁的快乐主义在西方哲学界颇有影响。英国18世纪功利主义哲学家杰罗密·边沁的全部哲学以两个原理为基础，一个是"自利选择原理"，另一个是"最大幸福原理"。罗素说："边沁主张，所谓善便是快乐或幸福（他拿这两个词当同义词使用），所谓恶便是痛苦。"[2]边沁的信徒詹姆斯·穆勒和边沁一样，认为快乐是唯一的善，痛苦是唯一的恶，"但是他又像伊壁鸠鲁，最看重适度的快乐，他认为知识上的乐趣是最高的乐趣，节制是首要的美德"[3]。对于人生而言，快乐是必须的，但是要适度。

美国心理学之父威廉·詹姆士亦把快乐视为人生的主要事情："假如我们问：'人生的主要事情是什么？'我们会得到的

1　[英]罗素：《西方哲学史·上卷》，何兆武、李约瑟译，商务印书馆2012年版，第365页。

2　[英]罗素：《西方哲学史·下卷》，何兆武、李约瑟译，商务印书馆2012年版，第385页。

3　[英]罗素：《西方哲学史·下卷》，何兆武、李约瑟译，商务印书馆2012年版，第387页。

回答之一，就是：人生的主要事情是快乐。其实在一切时代的大多数的人，如何取得快乐，如何保有快乐，如何恢复快乐，是他们所做的，并他们所情愿忍受的一切事情的秘密动机。伦理学内的唯乐主义派完全从各种不同的行为所引起的快乐和不快的经验，演绎出道德生活；并且，快乐与不快乐似乎是人的兴趣所绕而旋转的两极。"从这一观点出发，詹姆士得出一个判断，任何持久的快活都可能产生一种宗教："这种宗教就是因为感谢被赠予这么快乐的生存而起的颂赞。"即认为持久的快乐是宗教产生的心理基础。反之，他认为："我们也必须承认比较复杂的，用以体验宗教的方法，都是产生快乐的新方式；在自然的生活的第一次赠赐是不快的（第一次的自然生活的经验实际很常是如此）之时，这些方法是奇妙的、内心的、引人达到一种超自然的快乐之途径。"[1]这虽然谈的是宗教的体验，但是对于精神上某些超感性的快乐体验，同样具有启发性。

　　20 世纪的英国哲学家罗素以幸福作为人生的目标，写有

1　〔美〕威廉·詹姆士:《宗教经验之种种：人性之研究》，唐钺译，商务印书馆2002 年版，第76 页。

《幸福之路》一书。其实此书所讨论的核心问题是如何使生命更快乐，他说得很清楚："我是作为一个快乐主义者来写这本书的，这就是说我把快乐视为善。""还有什么能比快乐更令人羡慕？""快乐的人生在极大的程度上恰如美好的人生。"他的幸福观就建立在快乐基础上。罗素认为："人应当自然，应当在不是明确反社会的范围内，遵从自己的天性。"而追求快乐就是人的天性："我相信，若能发现一条快乐之路，很少有人会故意选择不快乐。"罗素把快乐分为两类：一类是自然的快乐，即肉体的、感官的快乐，对于这样的快乐，罗素并不反对。但是他更倾向于另外一种快乐，即精神的、心灵的、想象的快乐。他所主张的幸福生活，是理性的快乐："快乐的生活必定在很大程度上属于静谧的生活，因为唯有在静谧的气氛中，真正的快乐才能存在。""宁静的生活是伟大的特征。""我要说服读者相信，无论有何种论据，理性决不会阻碍快乐。"[1]这种理智的、安适的快乐，不是克制自己，而是寻求一种心理的平衡，兴趣尽可能广泛，对人和物尽可能友善，使快乐的机

---

1 〔英〕罗素：《幸福之路》，吴默朗、金剑译，中央编译出版社 2011 年版，第 186、66、186、102、12、49、46、14 页。

会越来越多,受命运摆布的情况越来越少。"快乐的人总是生活在客观之中,他有着自然的情感和广泛的兴趣,他由于这些情感和兴趣而快乐,也由于它们使他成为许多人的情感和兴趣的对象而快乐。"[1]

中国古代的生命观,亦不乏快乐主义,而且同西哲一样,把快乐视为人的本性。明代哲学家王阳明说:"乐是心之本体,虽不同于七情之乐,而亦不外于七情之乐。虽则圣贤别有真乐,而亦常人之所同有。"[2]"乐是心之本体,顺本体是善,逆本体是恶。"[3]而王阳明所说的"心之本体即是性,性即是理"[4],也就是人的天性。有学者认为,王阳明所说的"乐",是一种高级的精神境界之乐:"乐所标志的人生的高级境界,超越了个体名利贫富穷达的束缚,把心灵提升到与天地同流的境地,人由闻道进而精神上与道合而为一,这样一种经过长期修养才能实现的自由怡悦、充实活泼的心境,如果是'乐'的话,也是

---

1 〔英〕罗素:《幸福之路》,吴默朗、金剑译,中央编译出版社2011年版,第184页。

2 (明)王守仁:《答陆原静书》,载吴光等编校《王阳明全集》,上海古籍出版社2011年版,第79页。

3 木野实等:《阳明先生遗言录》,(台湾)《中国文哲通讯》1998年第3期。

4 (明)王守仁:《传习录》,载吴光等编校《王阳明全集》,上海古籍出版社2011年版,第28页。

一种高级的精神境界之乐，与人在日常生活中经验的感性快乐（包括生理快乐与审美愉悦）是完全不同的。在这个意义上，乐不是作为情感范畴，而是作为境界范畴被规定为心体的。"[1]王阳明认为，无论圣贤还是常人，快乐都是其天性。而且作为心之本体的乐，虽不同于喜、怒、忧、思、悲、恐、惊七情之乐，但是亦不外于七情之乐，也就是在所谓的高级的精神快乐之中也包括了低级的感性快乐。

同西哲一样，中国古代哲人对快乐的认识大致亦可分为重感官和重精神两种。概括说，儒、道二家重精神的快乐，而《列子》则重感官的快乐。儒家承认口腹之欲是人的正常需要。孔子认为饮食男女系人之大欲，告子亦说："食色，性也。"（《孟子·告子》）[2]承认欲望是人的本性，就是承认欲望获得满足的感官快乐是符合人的本性的，但是他们主张，真正的快乐应该是精神上的。孔子对人之快乐，有著名的"三益""三损"说："子曰：'益者三乐，损者三乐。乐节礼乐，乐道人之善，乐多贤友，益矣。乐骄乐，乐佚游，乐宴乐，损矣。'"（《论

1　陈来：《有无之境：王阳明哲学的精神》，北京大学出版社2013年版，第72页。
2　（宋）朱熹：《四书集注》下，中华书局1957年版，第256页。

语·季氏》)[1]有益于人的快乐，主要来自心灵层面，用礼乐节制自己，说别人的好话和交有修养的人为朋友，所带来的乃是精神的平静与满足；而有损于人的快乐则来自感官的纵逸，骄奢淫逸。孟子的快乐观，也主要是精神层面的，他说的君子三乐，一是"父母俱存，兄弟无故"，一是"得天下英才而教育之"，还有就是"仰不愧于天，俯不怍于人"(《孟子·尽心上》)[2]，父母、兄弟安然无恙，得育天下英才，不愧对天地和他人，心灵自然获得快乐。孟子又说："万物皆备于我矣，反身而诚，乐莫大焉。"(《孟子·尽心上》)[3]这里所讲的就是精神的满足所带来的快乐。其实，儒家认为最大的快乐是得道并坚守道的快乐。孔子说："朝闻道，夕死可矣。"(《论语·里仁》)[4]闻道，是他获得的生命的真正价值，因此也是生命之至乐。而他所欣赏的颜回之乐则是守道之乐："贤哉，回也！一箪食，一瓢饮，在陋巷，人不堪其忧，回也不改其乐。"(《论语·雍也》)[5]住在陋巷，过的是清贫生活，但因有道在心中，不因生

---

1 （宋）朱熹：《四书集注》上，中华书局1957年版，第221页。
2 （宋）朱熹：《四书集注》下，中华书局1957年版，第311页。
3 （宋）朱熹：《四书集注》下，中华书局1957年版，第303页。
4 （宋）朱熹：《四书集注》上，中华书局1957年版，第50页。
5 （宋）朱熹：《四书集注》上，中华书局1957年版，第77页。

活贫困而忧虑，心中充满快乐。宋代理学家程颢解释说："颜子在陋巷，'人不堪其忧，回也不改其乐'。箪瓢陋巷非可乐，盖自有其乐耳。'其'字当玩味，自有深意。"[1]这个"其"就是心中所存之道。王阳明后来说的人性本体的"真乐"，更是超乎现实中富贵清贫之上的心灵快乐："这种自得之乐，是超乎富贵利达之乐，是通乎贫贱患难之乐，是人心本体的真乐。"[2]有些接近于上文所述的美国心理学家詹姆士所描述的宗教的超自然的无与伦比的快乐。

庄子对生命苦乐的认识，集中在《至乐》篇："天下有至乐无有哉？有可以活身者无有哉？"开篇就发问，天下有没有至乐，如果有，"今奚为奚据？奚避奚处？奚就奚去？奚乐奚恶？"然后举了一般人对快乐的认识："夫天下之所尊者，富贵寿善也；所乐者，身安厚味美服好色音声也；所下者，贫贱夭恶也；所苦者，身不得安逸，口不得厚味，形不得美服，目不得好色，耳不得音声。若不得者，则大忧以惧，其为形也亦愚哉！"[3]所举者"厚味""美服""好色""音声"，皆为感官的

---

1 （宋）程颢、程颐：《二程集》，王孝鱼点校，中华书局 1981 年版，第 135 页。

2 嵇文甫：《晚明思想史论》，东方出版社 2013 年版，第 25 页。

3 （清）郭庆藩：《庄子集释》，王孝鱼点校，中华书局 2013 年版，第 540—541 页。

快乐。而庄子以为，这种快乐之识，是十分糊涂的，因为这种官能的快乐所损害的恰恰是生命，因此庄子否定俗世所追求的快乐，提出"至乐无乐"："今俗之所为与其所乐，吾又未知乐之果乐邪，果不乐邪？吾观夫俗之所乐，举群趣者，誙誙然如将不得已，而皆曰乐者，吾未之乐也，亦未之不乐也。果有乐无有哉？吾以无为诚乐矣，又俗之所大苦也。故曰：'至乐无乐，至誉无誉。'"[1] 庄子所主张的快乐，是来自清静无为的真乐。如果再结合庄子的《逍遥游》篇看，只有清静无为才会获得无待之逍遥，即精神的绝对自由。由此可见，庄子所谓最大的快乐，与感官的快乐完全无关，而是来自精神的绝对快乐。

《列子》说，"人之生也奚为哉？奚乐哉？为美厚尔，为声色尔"，"恣耳之所欲听，恣目之所欲视，恣鼻之所欲向，恣口之所欲言，恣体之所欲安，恣意之所欲行"[2]，追求的是感官快乐。也正是从这个意义上，《列子》否定了声名与死后的荣禄："徒失当年之至乐，不能自肆于一时。重囚累梏，何以异哉？"

---

1 （清）郭庆藩：《庄子集释》，王孝鱼点校，中华书局 2013 年版，第 543 页。
2 杨伯峻：《列子集释》，中华书局 2012 年版，第 209—212 页。

所以《列子》要人像太古之人那样："知生之暂来，知死之暂往；故从心而动，不违自然所好；当身之娱非所去也，故不为名所劝。从性而游，不逆万物所好。"[1] 既然生命是暂时的，就应顺乎人的快乐本性，满足人生的快乐。

二、李白诗中的及时行乐思想

在对待生命的态度上，李白是一个典型的快乐主义者。可以这样说，李白把追求生命的快乐作为自己一生的幸福指数。在其文学作品中，他毫不掩饰地表现出对生命快乐的向往以及得到快乐的幸福感。李白主张的生命快乐，既有精神层面的，亦有感官层面的。所以，研究李白的诗歌，我们无法回避展现在其中的巨大矛盾：李白一方面高调声言，身后的声名不朽才是他生命的目标，显然此乃追求精神寄托的表现；另一方面，他又醉心于现世的享乐，美女之艳影、美酒之流光不时闪现在其诗歌中，说明李白是一个重感官快乐者。在李白的诗歌中，声名与享乐同在，精神与物质共生快乐，二者如影

1　杨伯峻：《列子集释》，中华书局2012年版，第210页。

随形，如此胶着。李白既不会像孔子之徒原宪、曾参、颜回那样，为守道，三天不做饭，十年不置衣，过一种困顿至极的生活；更不会效法庄子做一个完全离开社会、回归自然的真隐士。李白受《列子》影响很深，是一个十足的现世快乐主义者。

李白的诗，及时行乐是常调，而且主要是声色宴饮之乐，对此他毫不隐讳。还有一点也很明显，其所有对感官之乐的追求都来自流光欺人、唯恐蹉跎了日月的惊触。《宴郑参卿山池》云："尔恐碧草晚，我畏朱颜移。愁看杨花飞，置酒正相宜。歌声送落日，舞影回清池。今夕不尽杯，留欢更邀谁?"[1]此诗作年不详，细玩诗中"尔恐碧草晚，我畏朱颜移"之句，似当写于诗人年轻之时。李白看到暮春杨花飘飞，产生了与郑氏及时行乐的念头。诗中所言虽然有劝郑氏多饮几杯之意，但也流露出李白的真实思想。表达这种思想的诗在李白集中时有所见，《前有樽酒行二首》其一："春风东来忽相过，金樽渌酒生微波。落花纷纷稍觉多，美人欲醉朱颜酡。青轩桃李能几何?流光欺人忽蹉跎。君起舞，日西夕，当年意气不肯倾，白发如

1　詹锳主编：《李白全集校注汇释集评》，百花文艺出版社1996年版，第2854页。

丝叹何益?"其二:"琴奏龙门之绿桐,玉壶美酒清若空。催弦拂柱与君饮,看朱成碧颜始红。胡姬貌如花,当垆笑春风。笑春风,舞罗衣,君今不醉欲安归?"[1] 王琦注此诗云:"即古乐府之'前有一樽酒'也。傅玄、张正见诸作,皆言置酒以祝宾主长寿之意,太白则变而为当及时行乐之辞。"[2] 傅玄《前有一樽酒行》曰:"置酒结此会,主人起行觞。玉樽两楹间,丝理东西厢。舞袖一何妙,变化穷万方。宾主齐德量,欣欣乐未央。同享千年寿,朋来会此堂。"[3] 张正见《前有一樽酒行》曰:"前有一樽酒,主人行寿。今日合来,坐者当令,皆富且寿。欲令主人三万岁,终岁不知老。为吏当高迁,贾市得万倍。桑蚕当大得,主人宜子孙。"[4] 王注甚是,晋傅玄辞、陈张正见辞实为宴会间应酬之辞,祝福主人长寿多福。而李白却一改古乐府辞意,用以抒发时光蹉跎、及时对酒行乐的情感。瞿蜕园、朱金城《李白集校注》云:"按此诗末句'当年意气不肯倾,白发如丝叹何益',当与《古风》第八首'意气人所仰,冶游

1　詹锳主编:《李白全集校注汇释集评》,百花文艺出版社1996年版,第424—428页。
2　(清)王琦注:《李太白全集》,中华书局1977年版,第199页。
3　(宋)郭茂倩编:《乐府诗集》第三册,中华书局2018年版,第1369页。
4　(宋)郭茂倩编:《乐府诗集》第三册,中华书局2018年版,第1369页。

方及时……投阁良可叹，但为此辈嗤'之语参看，有兀傲不肯随俗之意。王氏指为当及时行乐，恐未的。"[1]兀傲之气自然有，但由倾玉壶美酒、赏胡姬妙舞可知，全诗主调则在及时行乐，而且是感官的快乐，如《唐宋诗醇》所说："即白所云'浮生若梦，为欢几何'之意。"[2]李白的这两首乐府已把传统的宾主关系淡化了，由对主人说变为对世人说。所谓"君起舞""君今不醉欲安归"，既是说给自己听的，同时也是说给世人听的。由"落花纷纷稍觉多"一句可以看出，李白对时间的感受是何等的敏锐，何等的细微而深刻，似乎那每一片飘落的花瓣都砸在了他的心上，敲响了他敏感的神经，所以他说"流光欺人"，逼得甚紧，他要对如花的胡姬而起舞，对清湛若空的美酒而一醉。

再如《春日陪杨江宁及诸官宴北湖感古作》："古之帝宫苑，今乃人樵苏。感此劝一觞，愿君覆瓢壶。荣盛当作乐，无令后贤吁。"《邯郸南亭观妓》："歌鼓燕赵儿，魏姝弄鸣丝。粉色艳月彩，舞袖拂花枝。把酒领美人，请歌邯郸词。清筝何

1　（唐）李白著，瞿蜕园、朱金城校注：《李白集校注》，上海古籍出版社2016年版，第303页。
2　詹锳主编：《李白全集校注汇释集评》，百花文艺出版社1996年版，第427页。

缭绕，度曲绿云垂。平原君安在？科斗生古池。座客三千人，于今知有谁？我辈不作乐，但为后代悲。"这是有感于今古沧桑，要及时行乐。再如《拟古十二首》其五："今日风日好，明日恐不如。春风笑于人，何乃愁自居？吹箫舞彩凤，酌醴鲙神鱼。千金买一醉，取乐不求余。"这是有感于光阴易逝而及时行乐。今日春风好，就应趁此春光寻欢为乐，因为明日光景如何，无人得知，或阴或晴，谁能料知？真可谓好日难逢，良时难得，宜乎及时为乐，宴饮相欢。另有《相逢行》："光景不待人，须臾发成丝。当年失行乐，老去徒伤悲。持此道密意，无令旷佳期。"《李诗直解》云："谓相逢者皆当及时为乐，毋守空闺而旷佳期也。"[1] 这与《列子》"徒失当年之至乐，不能自肆于一时"的思想何其相似。到极端时，只要行乐，李白甚至连功名都抛之脑后了，《夜泛洞庭寻裴侍御清酌》："日晚湘水渌，孤舟无端倪。明湖涨秋月，独泛巴陵西。遇憩裴逸人，岩居陵丹梯。抱琴出深竹，为我弹鹍鸡。曲尽酒亦倾，北窗醉如泥。人生且行乐，何必组与珪？"[2]

1　詹锳主编：《李白全集校注汇释集评》，百花文艺出版社 1996 年版，第 2852、2833、3412、848、849 页。

2　詹锳主编：《李白全集校注汇释集评》，百花文艺出版社 1996 年版，第 2894 页。

对于及时行乐思想，从古至今，大都持否定态度。其实，就生命本质而言，及时行乐思想亦不出快乐主义的范围。如果说重视身后名是延长生命的一种精神上的价值追求的话，那么追求现世的感官快乐则是尽可能占有生命空间的一种物质努力。两者同样都是面对生命苦短的现实而自然生成的提高生命质量、增加生命力度的行为方式。追求快乐行为，合乎人的本性，因此也是合理的，但是把感官的快乐视为最高甚至唯一的追求，显然是颓废的生命观。不过，李白的及时行乐，其内在的思想基础是对实现生命的社会价值的不懈追求，外在原因是社会对其追求理想的阻碍。因此，李白的快乐主义如果被评价为颓废思想的话，那也是合乎人的生命本质的十分深刻的颓废。

当然，在身后声名和现世快乐之间，李白的心理十分复杂。一般说来，李白既要现世乐又期身后名，因此《拟古十二首》其七中有"荣贵当及时"的吟咏，又有"身没期不朽"的期盼，这是李白生命观与《列子》的明显不同之处。

我们不妨看看李白诗中一再颂扬的白马少年的侠客形象。这些表现李白少年意气的白马侠客都重视功业声名。《幽州胡马客歌》："出门不顾后，报国死何难？"《少年行二首》其一：

"少年负壮气,奋烈自有时。"《侠客行》:"纵死侠骨香,不惭世上英。"李白笔下的少年侠客,都是心怀壮志、为国为名纵死不悔者。同时,他们又是典型的享乐主义者。《少年行二首》其二:"五陵年少金市东,银鞍白马度春风。落花踏尽游何处?笑入胡姬酒肆中。"《白鼻騧》:"银鞍白鼻騧,绿地障泥锦。细雨春风花落时,挥鞭直就胡姬饮。"《少年子》:"青云少年子,挟弹章台左。鞍马四边开,突如流星过。金丸落飞鸟,夜入琼楼卧。夷、齐是何人?独守西山饿。"[1]功业、醇酒与美人都成为少年侠客生活不可缺少的部分。少年形象生动地体现了李白提高生命质量的思想。在提高生命质量的前提下,现世乐与身后名和谐地统一为一体。奚禄诒说李白《少年子》:"刺时之作,谓游冶而无行者也。"[2]显然未能深入了解李白的生命意识,故曲为解说。詹锳批驳奚氏:"按少年子言少年当及时行乐,奚氏未得其旨。"[3]是极有道理的。

李白诗中的少年侠客形象,多有他自身的影子在。李白少

1 詹锳主编:《李白全集校注汇释集评》,百花文艺出版社1996年版,第658、878、491、879、882、870—871页。
2 詹锳主编:《李白全集校注汇释集评》,百花文艺出版社1996年版,第872页。
3 詹锳编著:《李白诗文系年》,人民文学出版社1984年版,第173页。

时从赵蕤学纵横术，从此以侠自任。魏颢《李翰林集序》记载："少任侠，手刃数人。与友自荆徂扬，路亡权窆，回棹方暑，亡友糜溃，白收其骨，江路而舟。"刘全白《唐故翰林学士李君碣记》亦云："少任侠，不事产业。"范传正《唐左拾遗翰林学士李公新墓碑》也说李白"少以侠自任，而门多长者车"。[1]李白《上安州裴长史书》则记载了自己在金陵任侠的经历："曩昔东游维阳（扬），不逾一年，散金三十余万，有落魄公子，悉皆济之。此则是白之轻财好施也。又昔与蜀中友人吴指南同游于楚，指南死于洞庭之上，白禫服恸哭，若丧天伦。炎月伏尸，泣尽而继之以血。行路闻者，悉皆伤心。猛虎前临，坚守不动，遂权殡于湖侧，便之金陵。数年来观，筋骨尚在。白雪泣持刃，躬申洗削，裹骨，徒步，负之而趋。寝兴携持，无辍身手，遂丐贷营葬于鄂城之东。故乡路遥，魂魄无主，礼以迁窆，式昭朋情。此则是白存交重义也。"[2]以上记载的都是李白仗义好施的侠义行为，故《新唐书·文艺传》说李

---

1 詹锳主编：《李白全集校注汇释集评》，百花文艺出版社1996年版，第4、9、11页。
2 詹锳主编：《李白全集校注汇释集评》，百花文艺出版社1996年版，第4032页。

白"喜纵横术，击剑，为任侠，轻财重施"[1]。

历史文献也记载了李白在金陵的另一面生活。魏颢《李翰林集序》："间携昭阳、金陵之妓，迹类谢康乐，世号为李东山。骏马美妾，所适二千石郊迎，饮数斗，醉则奴丹砂抚《青海波》。满堂不乐，白宰酒则乐。"按，此处所说的"谢康乐"，当为谢安之误。东晋时，谢安隐居东山，每游则携妓随行。李白《东山吟》："携妓东土山，怅然悲谢安。"[2]因李白行迹颇类谢安，故世号"李东山"。跨骏马，携美妾，醉则遣家僮妙舞，这与《少年子》中五陵年少何其相似乃尔。对于这样的生活，李白亦有诗描述，如《示金陵子》："金陵城东谁家子？窃听琴声碧窗里。落花一片天上来，随人直渡西江水。楚歌吴语娇不成，似能未能最有情。谢公正要东山妓，携手林泉处处行。"[3]细品诗意，此诗当为初见金陵子所作。金陵子妙于弹琴，其琴声若一片落花飘然天上，潺湲悠扬。其所唱之楚歌吴语，亦使李白极为欣赏，所以要金陵子此后与之随行。果然，

---

1 《新唐书·文艺传》，中华书局1997年版，第5762页。

2 詹锳主编：《李白全集校注汇释集评》，百花文艺出版社1996年版，第4、1117页。

3 詹锳主编：《李白全集校注汇释集评》，百花文艺出版社1996年版，第3741页。

其后李白与朋友聚会，金陵子也就陪伴在其身边了，有《出妓金陵子呈卢六四首》可证："安石东山三十春，傲然携妓出风尘。楼中见我金陵子，何似阳台云雨人？"（其一）"南国新丰酒，东山小妓歌。对君君不乐，花月奈愁何？"（其二）"小妓金陵歌楚声，家僮丹砂学凤鸣。我亦为君饮清酒，君心不肯向人倾。"（其四）[1] 李白携妓而行，自然有他效仿谢安风流的心理，但是作为一个挥金似土的豪士，说他的骏马美妾生活没有感官享乐的欲望，恐怕也不能令人相信。李白这样的诗还有不少，如《对酒》："蒲萄酒，金叵罗，吴姬十五细马驮。青黛画眉红锦靴，道字不正娇唱歌。玳瑁筵中怀里醉，芙蓉帐底奈君何？"《陌上赠美人》："骏马骄行踏落花，垂鞭直拂五云车。美人一笑褰珠箔，遥指红楼是妾家。"[2] 都有李白生活的影子在。而《忆旧游寄谯郡元参军》："行来北凉岁月深，感君贵义轻黄金。琼杯绮食青玉案，使我醉饱无归心。时时出向城西曲，晋祠流水如碧玉。浮舟弄水箫鼓鸣，微波龙鳞莎草绿。兴来携

1　詹锳主编：《李白全集校注汇释集评》，百花文艺出版社1996年版，第3743—3745页。
2　詹锳主编：《李白全集校注汇释集评》，百花文艺出版社1996年版，第3687—3688、3679页。

妓恣经过，其若杨花似雪何！红妆欲醉宜斜日，百尺清潭写翠娥。翠娥婵娟初月辉，美人更唱舞罗衣。清风吹歌入空去，歌曲自绕行云飞。此时行乐难再遇，西游因献《长杨赋》。"[1] 则是李白入长安前生活的真实写照。

在李白的一些诗里，功名富贵、及时行乐与身后之名，有时看似极为矛盾。试看《江上吟》：

> 木兰之枻沙棠舟，玉箫金管坐两头。美酒樽中置千斛，载妓随波任去留。仙人有待乘黄鹤，海客无心随白鸥。屈平词赋悬日月，楚王台榭空山丘。兴酣落笔摇五岳，诗成啸傲凌沧洲。功名富贵若长在，汉水亦应西北流。[2]

李白此诗表明，功名富贵不能常在，终如楚王一样人去楼空，只有诗文可以传世。诗文可以使屈原名悬日月，与宇宙终古。李白此诗似乎否定现世的功名富贵、提倡身后名最为鲜明，然而否定功名富贵与肯定身后名的立足点正是在当下的快

1　詹锳主编：《李白全集校注汇释集评》，百花文艺出版社 1996 年版，第 1949—1953 页。
2　詹锳主编：《李白全集校注汇释集评》，百花文艺出版社 1996 年版，第 990 页。

意之上，而且是无待即没有任何负担的快乐。既无须为功名而奔走、为富贵而操劳，亦不必学仙而待黄鹤，"泛珍异之舟，奏金玉之管，多赍美酒，载妓适情，随波去留，意无所着"[1]。"当兴酣落笔之时，而造意之高，可摇五岳。及诗成笑傲之际，而构思之远，可凌沧洲。"（《李诗直解》）[2]携妓纵酒与兴酣时草诗，都是逞一时之快。这种诗酒生活，既可以释放受到现实压抑的情感，又可以留下诗文传世。再看《少年行》："男儿百年且乐命，何须徇书受贫病？男儿百年且荣身，何须徇节甘风尘？衣冠半是征战士，穷儒浪作林泉民。遮莫枝根长百丈，不如当代多还往。遮莫亲姻连帝城，不如当身自簪缨。看取富贵眼前者，何用悠悠身后名。"[3]与《江上吟》不同，《少年行》否定了读书人"徇书""徇节"以求身后名的生命价值观[4]，主张男儿应取当世富贵，把握住现在，这才是生命的真谛。李白在此又回到了《列子》重当世的思想一边。所不同的是，李白追求当世的富贵，而《列子》强调的是口腹之适。

---

1 （明）唐汝询编选：《唐诗解》，王振汉点校，河北大学出版社2001年版，第280页。
2 詹锳主编：《李白全集校注汇释集评》，百花文艺出版社1996年版，第993页。
3 詹锳主编：《李白全集校注汇释集评》，百花文艺出版社1996年版，第951页。
4 李白《赠从兄襄阳少府皓》有"小节岂足言"之句。

以上二诗形成鲜明的对比。这种矛盾现象既不能说明李白倾向于精神上的不朽，也不能证明李白倾向于物质上的现世享乐，这恰恰说明李白的思想中二者是并存的。对于生命的本质而言，这种并存是合理的。造成矛盾的原因，不在李白，而在于他所接受的文化。在生命本质的认识上，儒家和道家重精神，《列子》重感官，各强调其所是者，非其所非者，造成了本该统一而和谐共在的生命本质认识的分裂，而李白接受的就是这种分裂、多元的思想。又因为李白某一特定时期的具体情境和心境不同，他的诗中因此而出现了或强调功名、或强调感官快乐的矛盾。就其人生来考察，李白少年时追求功名富贵，故迫切希望及早博取功名富贵；到了他生命的后期，追求功名的理想破灭了，对富贵的虚幻也有了一定体验，故更重视起身后的不朽了。当然这也只是就一般情况而言，其中身后名与现世乐思想相互消长的情况，还有更为具体的情境、更为复杂的原因。

三、不辞富贵与粪土王侯的矛盾

在中国古代，儒家和道家的生命观都特别提倡固穷安贫以守道的操守，表现出强烈的重精神意志、轻物质之乐的思想倾向。

在先秦儒家那里，守道是他们特别强调的道德操守，谋道不谋食是其基本主张。孔子说："富而可求也，虽执鞭之士，吾亦为之；如不可求，从吾所好。"(《论语·述而》)[1]如果合于道，即使是去做给人执鞭的下人，也心甘情愿，否则就依旧按照自己的所好去做。所以，儒家的操守首先就是守道。"守，孰为大？守身为大……守身，守之本也。"(《孟子·离娄上》)[2]守持其身的实质就是守道。孔子说："笃信好学，守死善道。危邦不入，乱邦不居。天下有道则见，无道则隐。邦有道，贫且贱焉，耻也；邦无道，富且贵焉，耻也。"(《论语·泰伯》)[3]同是富贵，国家有道，不能取之是耻辱，而国家无道时取之，也是耻辱，所以富贵与否不是关键，关键是是否与道相合。孟子亦云："非其道，则一箪食不可受于人；如其道，则舜受尧之天下，不以为泰。"(《孟子·滕文公下》)[4]如不合道，不肯受人一箪之食；如合于道，接受天下亦不为过分，更何谈区区俸禄？

---

1 （宋）朱熹:《四书集注》上，中华书局 1957 年版，第 91 页。
2 （宋）朱熹:《四书集注》下，中华书局 1957 年版，第 176 页。
3 （宋）朱熹:《四书集注》上，中华书局 1957 年版，第 108—109 页。
4 （宋）朱熹:《四书集注》下，中华书局 1957 年版，第 140 页。

儒者如此，老庄之徒亦是如此。《史记·老子伯夷列传》记载庄子辞楚威王聘之故事，此故事当来自《庄子·秋水》："庄子钓于濮水，楚王使大夫二人往先焉，曰：'愿以境内累矣！'庄子持竿不顾，曰：'吾闻楚有神龟，死已三千岁矣，王以巾笥而藏之庙堂之上。此龟者，宁其死为留骨而贵乎？宁其生而曳尾于涂中乎？'二大夫曰：'宁生而曳尾涂中。'庄子曰：'往矣！吾将曳尾于涂中。'"又《庄子·列御寇》："或聘于庄子。庄子应其使曰：'子见夫牺牛乎？衣以文绣，食以刍叔，及其牵而入于大庙，虽欲为孤犊，其可得乎！'"[1]这里，庄子没有说要守道，直接表达的是对隐居生活的坚守。庄子一生只做过漆园小吏，即使如此，重金厚禄，仍不能动摇其志。这里所反映的实则是庄子一生坚守的道，即宁守贫贱亦不为外物所羁的自由精神。这同样也是士人传统中的守道精神。

基于对道的坚守，儒、道两家颇重安贫乐道的道德操守。孔子说："饭疏食饮水，曲肱而枕之，乐亦在其中矣。不义而富且贵，于我如浮云。"(《论语·述而》)又云："君子固穷，

---

1 （清）郭庆藩：《庄子集释》，王孝鱼点校，中华书局2013年版，第536—537、933页。

小人穷斯滥矣。"(《论语·卫灵公》)[1]把穷时能否固守其道，视为君子和小人的区别标准。孔子的弟子也如老师一样"忧道不忧贫"，曾参、颜回、原宪等都以能安于穷困被视为楷模。《庄子·让王》生动记载了原宪、曾参穷而养志的故事。在《庄子》中，儒者的形象多经过庄子及其后学的加工、改造，不尽可信，但《庄子·让王》的记载大致符合孔门弟子的实况。除上文已引《论语·雍也》所载孔子对颜回的评价外，又《论语·子罕》云："衣敝缊袍，与衣狐貉者立而不耻者，其由也与?"[2]可见固穷安贫实是以孔子为代表的儒家所提倡的一种道德操守。《庄子》一书有时也讲述和发挥儒家固穷安贫的故事，由此亦可看出，庄子之徒也欣赏固穷安贫的处世态度。所不同的是：儒家并不排斥富贵，反对的是不合道义的富贵。如果所取之富贵违背道，就应固穷以守道。甘于贫穷，是践行道必备的思想条件和心理基础。而道家从其自然观出发，则完全否定功名利禄。道家之徒安贫乐道，是为了忘形、忘利、忘心，守住自然之性。穷贱而不改其志、不离其道，成为儒、道两家所

---

1 （宋）朱熹:《四书集注》上，中华书局1957年版，第93、203页。
2 （宋）朱熹:《四书集注》上，中华书局1957年版，第123页。

推崇的人生操守。

对于儒家提倡的固穷思想，李白颇不以为然，其乐府《白马篇》云：

> 龙马花雪毛，金鞍五陵豪。秋霜切玉剑，落日明珠袍。斗鸡事万乘，轩盖一何高？弓摧南山虎，手接太山猱。酒后竟风采，三杯弄宝刀。杀人如剪草，剧孟同游遨。发愤去函谷，从军向临洮。叱咤经百战，匈奴尽波涛（奔逃）。归来使酒气，未肯拜萧曹。羞入原宪室，荒径隐蓬蒿。[1]

李白此篇乃拟曹植《白马篇》而来，写五陵豪少既武艺超群，亦奢华招摇，因斗鸡而得到皇帝赏识。但其一旦发愤从军，就叱咤战场。立功而归，依然侠气未改，纵酒使气，未肯为权贵折腰。这显然是诗人极为欣赏的生命经历和生活态度。诗的最后一句十分关键，它应该是此诗的诗眼，即揭示了诗之义旨的关键句。诗人极力渲染五陵豪少的生活，就是为了烘

---

1 詹锳主编：《李白全集校注汇释集评》，百花文艺出版社 1996 年版，第 687—690 页。

托、表明自己的人生态度：耻于原宪那种固穷的生活。上引李白的《少年子》也表达了同样的人生态度："夷、齐是何人？独守西山饿。"此诗向来多被误解和曲解。朱谏《李诗选注》："言贵哉少年之子，乃出于青云之上，是贵游之少年也。挟弹驰马，而骋于章台之左。人马飞驰，散蹄而迸出者，突如流星之迅速；黄金为丸，弹落飞鸟。游盘至晚，入卧琼楼，其骄奢淫逸之气洋洋然而自得也。""言是贵游之子，一皆不义而贵且富者，又安知有高洁之士如伯夷、叔齐食西山之薇，而甘于饿死者乎？盖流俗之颓势如澜倒，而趋之众，孑然而特立者亦鲜矣。"[1]王琦注亦云："此篇是刺当时贵家子弟骄纵侈肆者之作。末引夷、齐大节以相绳，而叹其有天渊之隔也。'是何人'，谓彼二人亦是孤竹之贵公子，乃能弃富贵如浮云，甘心穷饿而无悔，民到于今称之，视彼狂童，宁免下流之诮耶？"[2]奚禄诒曰："刺时之作，谓游冶而无行者也。"[3]然唯安旗注得此诗义旨："此诗末二句与《侠客行》末二句'谁能书阁下，白首

<hr>

1　詹锳主编：《李白全集校注汇释集评》，百花文艺出版社1996年版，第870—871页。

2　（清）王琦注：《李太白全集》，中华书局1977年版，第339页。

3　詹锳主编：《李白全集校注汇释集评》，百花文艺出版社1996年版，第872页。

《太玄经》'相类，亦不以夷齐为然。"[1] 李白所选择的是少年风流倜傥的生活，而非伯夷、叔齐那样饿死以守节的生活。李白所欣赏的也是这样快乐的生命态度，其《侠客行》曰：

> 赵客缦胡缨，吴钩霜雪明。银鞍照白马，飒沓如流星。十步杀一人，千里不留行。事了拂衣去，深藏身与名。闲过信陵饮，脱剑膝前横。将炙啖朱亥，持觞劝侯嬴。三杯吐然诺，五岳倒为轻。眼花耳热后，意气素霓生。救赵挥金槌，邯郸先震惊。千秋二壮士，烜赫大梁城。纵死侠骨香，不惭世上英。谁能书阁下，白首《太玄经》？[2]

也是把扬雄白首以著书的寂寞生活作为侠少充满生命激情生活的对立面来写，何所弃、何所取，其意甚明。

在李白诗中，集中表达其追求荣华富贵、不甘穷贱思想的是《少年行》：

---

1 （唐）李白撰，安旗等笺注:《李白全集编年笺注》，中华书局2015年版，第149页。
2 詹锳主编:《李白全集校注汇释集评》，百花文艺出版社1996年版，第489—491页。

君不见，淮南少年游侠客，白日球猎夜拥挪。呼卢百万终不惜，报仇千里如咫尺。少年游侠好经过，浑身装束皆绮罗。兰蕙相随喧妓女，风光去处满笙歌。骄矜自言不可有，侠士堂中养来久。好鞍好马乞与人，十千五千旋沽酒。赤心用尽为知己，黄金不惜栽桃李。桃李栽来几度春，一回花落一回新。府县尽为门下客，王侯皆是平交人。男儿百年且乐命，何须徇书受贫病？男儿百年且荣身，何须徇节甘风尘？衣冠半是征战士，穷儒浪作林泉民。遮莫枝根长百丈，不如当代多还往。遮莫亲姻连帝城，不如当身自簪缨。看取富贵眼前者，何用悠悠身后名。[1]

此诗与前写少年侠客的诗不同，通篇勃郁着激荡之气，似是激愤的感情影响到了诗的表达，语言直白浅俗，以致历代被视为伪作。严羽《沧浪诗话·考证》云："太白集中《少年行》，只有数句类太白，其他皆浅近浮俗，决非太白所作，必

1　詹锳主编：《李白全集校注汇释集评》，百花文艺出版社1996年版，第949—951页。

误入也。"[1]萧士赟："末章十二句辞意迫切，似非太白之作，巨眼者必能辨之。"[2]朱谏《李诗辨疑》："此之少年者，粗俗妄诞，如病狂失心之徒，语无伦次，若出恍惚，而叫嚣不已之态，使人丧其所守。真厕鬼李赤之乱道耳。"[3]但《文苑英华》已经选此诗为李白之作，在宋初就将其视为李白作品。而"好鞍好马乞与人，十千五千旋沽酒"，不是"五花马，千金裘，呼儿将出换美酒"（《将进酒》）的另一种写法吗？"赤心用尽为知己，黄金不惜栽桃李"，不正是李白一年散尽黄金三十万的写照吗？如此看来，李白就是淮南少年游侠客的原型。诗人所说不是出于激愤的反话，而是正面提醒自己，也在告诉朋友，作为男儿就应该快乐当世，就应该获得荣华富贵，而不应为后世的身名徇书、徇节，放弃眼前的快乐。

李白追求荣华富贵、追求现世享受的生命观，的确有悖于儒、道两家忧道不忧贫的思想，我们应如何看待这一现象呢？其实，先秦以来士人不以贫贱为耻，固穷安贫，是以守道为前

1　（宋）严羽著，郭绍虞校释：《沧浪诗话校释·考证》，人民文学出版社1983年版，第226页。

2　（宋）杨齐贤集注：《分类补注李太白诗》第二册，（元）萧士赟补注，[日]汲古书院2005年版，第79页。

3　詹锳主编：《李白全集校注汇释集评》，百花文艺出版社1996年版，第952页。

提的。孔子说："不义而富且贵，于我如浮云。"关键不在富贵，而在于是否合"义"，即是否取之有义。只要合道，只要取之有义，士人就没有必要再固守贫寒，所以追求荣华富贵未必有悖于儒家的文化精神。但是应该看到，李白对待富贵与节操的态度，的确与传统儒、道之士不同。李白虽然说过"功名富贵若长在，汉水亦应西北流"，但其意乃在于把功名富贵与著述相比较，以说明功名富贵不能永存，能够代代流传不朽者莫若文章，即"屈平词赋悬日月，楚王台榭空山丘"。他是在突出著述之于人的生命得以延续的重要意义，并非否定功名富贵之于人当世的意义。

对于节义，李白在《少年行》里明明白白说："何须徇节甘风尘？"这说明，李白宁要功名富贵，也不愿做节义的奴隶。李白的这种意识除了上面所说的受《列子》的影响之外，与其特殊的身世有很大关系。李白并不是传统意义上的士人，他出身低微，生于西域。微贱的身世对李白心理有重要影响，他期望改变出身、光宗耀祖。如《代寿山答孟少府移文书》所言，要实现"事君之道""荣亲之义"。因为急于改变出身，所以比起固穷守道的节士来，李白更看重现世的富贵。

当然，李白所说的节义，是指贫贱以守道的节义，并非士人的人格尊严。李白一生的行迹，都表现出他不肯向权力屈服的布衣之傲。苏轼在《李太白碑阴记》中说："士以气为主。方高力士用事，公卿大夫争事之，而太白使脱靴殿上，固已气盖天下矣。使之得志，必不肯附权倖以取容，其肯从君于昏乎？夏侯湛赞东方生云：'开济明豁，包含宏大。陵轹卿相，嘲哂豪杰。笼罩靡前，跆籍贵势。出不休显，贱不忧戚。戏万乘若僚友，视俦列如草芥。雄节迈伦，高气盖世。可谓拔乎其萃，游方之外者也。'吾于太白亦云。"[1] 大体属实。李白一生，除了以王者师的心态称臣于唐玄宗和永王璘外，从不肯俯首王侯。李白的诗亦反映了傲视权贵的思想："黄金白璧买歌笑，一醉累月轻王侯。"（《忆旧游寄谯郡元参军》）"揄扬九重万乘主，谑浪赤墀青琐贤。"（《玉壶吟》）"出山揖牧伯，长啸轻衣簪。"（《送韩准裴政孔巢父还山》）"安能摧眉折腰事权贵，使我不得开心颜。"（《梦游天姥吟留别》）至于似杨贵妃、高力士那样的宠妃和内侍权臣，则更不在李白的眼中，"董龙更是何鸡狗"（《答王十二寒夜独酌有怀》），这就是他对待宠臣的态

1　（宋）苏轼：《李太白碑阴记》，载张志烈等校注《苏轼全集校注》第十一册，河北人民出版社 2010 年版，第 1092 页。

度。李白傲视王侯的处世态度，从其精神本源上看，即来自他快乐主义的生命观。李白是一个追求个体身心自由的人，无论是求取功名富贵，还是与权贵交往，都要保留个人的独立与自由。如果有违碍，他宁可不要功名，宁可舍弃富贵，也要守住个人身心之自由。此一重视个人自由的行为，从生命观上看，就是快乐主义哲学中重精神快乐的一路。

在中国，自先秦以来，无论儒、道，都存在自由思想。儒家思想中存在着尊重个体自由的内容。如孔子"三军可夺帅，匹夫不可夺志"（《论语·子罕》）[1]的思想，就是对个体自由意志的尊崇。而在道家尚自然思想中，有着极为浓厚的自由观念。在《庄子》一书中，《逍遥游》是集中讨论什么才是人的自由以及人如何获得精神自由的篇章。在庄子看来，人的绝对自由只能来自心灵，即精神的自由，舍此以外的自由都是有待的，因而不是真正的自由。如何才能达到这种境界呢？庄子说："至人无己，神人无功，圣人无名。"[2]即超越现实的名利之争，也超越有我之心，一切皆顺从自然，才可获得自由。儒、

---

1 （宋）朱熹：《四书集注》上，中华书局1957年版，第123页。
2 （清）郭庆藩：《庄子集释》，王孝鱼点校，中华书局2013年版，第18页。

103

道两家的自由观是互补的。儒家强调的是对于个体人格的尊重，而道家提倡的则是个体精神上对于社会现实和自我的超越。后代士人的自由观大致不出这两个范畴。

李白亦是如此。他声称"安能摧眉折腰事权贵，使我不得开心颜"，既是为了个人人格的尊严，也是为了个人的精神自由。因为在李白看来，千金易得，自由难求。因此他极为欣赏战国时齐国的鲁仲连，《古风五十九首》其九云："齐有倜傥生，鲁连特高妙。明月出海底，一朝开光曜。却秦振英声，后世仰末照。意轻千金赠，顾向平原笑。吾亦澹荡人，拂衣可同调。"[1] 李白一生欣赏鲁仲连，以其为榜样，认为鲁仲连"特高妙"，不仅在于他以三寸不烂之舌排难解纷；更在于他功成无取，意轻千金，飘然而去，将自由看得高于一切。这首诗实则就是李白理想人格的自画像。他要解世之纷、济世之困，却功成不受任何封赏，平交王侯，潇洒而退。解世之纷，成就自己的功业，青史留名，是自己的自由选择；功成身退，不留恋富贵，潇洒江湖，亦是自己的自由选择。这就是李白

1　詹锳主编：《李白全集校注汇释集评》，百花文艺出版社1996年版，第66—69页。

的人格理想。在同代诗人中，李白对孟浩然特别尊崇，可谓高山仰止，其《赠孟浩然》一诗云："吾爱孟夫子，风流天下闻。红颜弃轩冕，白首卧松云。醉月频中圣，迷花不事君。高山安可仰，从此揖清芬。"[1] 其所崇敬者，即在于孟浩然的自由行径。李白的傲视权贵之气，不仅使他捍卫了个人人格的尊严，而且保卫了心灵的自由，因此获得了人生最大的快乐。对于中国古代士人而言，人格的尊严、心灵的自由是获得生命之快乐的根本源泉。

（原刊《文艺研究》2018年第8期）

1　詹锳主编：《李白全集校注汇释集评》，百花文艺出版社1996年版，第1254页。

生命意识与李白之纵酒及饮酒诗

王安石评李白说："太白词语迅快，无疏脱处；然其识污下，诗词十句九句言妇人酒耳。"[1] 说李白诗篇中多妇人，似言过其实，但说其诗中尽酒，却是实情。对于白之纵酒和饮酒

---

1 （宋）惠洪：《冷斋夜话》，中华书局1988年版，第43页。

诗，旧说多以发泄政治失意解释之[1]，此自有道理，但既不全面又失之皮相。实则白之纵酒，根在洞彻生命之本质所产生的苦闷，追求心灵的自在与自由。

一

饮酒诗，在李白年青时并不多见。白出川到金陵后，始作饮酒诗，如《金陵酒肆留别》："白门柳花满店香，吴姬压酒唤客尝。金陵子弟来相送，欲行不行各尽觞。请君问取东流水，别意与之谁短长？"[2] 然此时饮酒多是逢场作戏，如魏颢《李翰林集序》所写："所适二千石郊迎，饮数斗，醉则奴丹砂抚《青海波》。满堂不乐，白宰酒则乐。"[3] 也是有意学谢安的生活作风，故作风流。但是，李白长期客游他乡，久之也有了独酌排遣苦闷的习惯。如詹锳《李白诗文系年》系于开元十四年（726）的

1　如唐汝询评《将进酒》云："此怀才不遇，托于酒以自放也。"[（明）唐汝询编选：《唐诗解》，王振汉点校，河北大学出版社 2001 年版，第 269 页]《李诗直解》评《襄阳歌》曰："此白负才不偶，故纵酒放旷。"[佚名：《李诗直解》卷四，清乾隆乙未（1775）刊本]

2　詹锳主编：《李白全集校注汇释集评》，百花文艺出版社 1996 年版，第 2184 页。

3　詹锳主编：《李白全集校注汇释集评》，百花文艺出版社 1996 年版，第 4 页。

《秋夜板桥浦泛月独酌怀谢朓》，诗中云"独酌板桥浦，古人谁可征？玄晖难再得，洒酒气填膺"[1]，就是李白月夜独酌于江宁板桥浦怀念谢朓之作。此后，李白诗中多有以"独酌"为题者，如《独酌》《月下独酌四首》《北山独酌寄韦六》《春日独酌》《独酌清溪江石上寄权昭夷》等；诗中有时也提到"独酌"，如《玉真公主别馆苦雨赠卫尉张卿二首》其一："独酌聊自勉，谁贵经纶才？"[2]可见，"独酌"已经成为李白喝酒的习惯。

李白之纵酒，多以为是在长安放还后。[3]其实"酒隐安陆"的十年，喝酒已成为他生活中的常态。他写给其妻许夫人的诗云："三百六十日，日日醉如泥。虽为李白妇，何异太常妻？"（《赠内》）[4]"太常妻"用东汉周泽故事："世人为之语曰：'生世不谐，作太常妻。一岁三百六十日，三百五十九日斋，一日不

1　詹锳主编：《李白全集校注汇释集评》，百花文艺出版社1996年版，第3196页。
2　詹锳主编：《李白全集校注汇释集评》，百花文艺出版社1996年版，第1310页。
3　李阳冰《草堂集序》言李白在翰林遭玄宗疏远："公乃浪迹纵酒，以自昏秽。"（詹锳主编：《李白全集校注汇释集评》，百花文艺出版社1996年版，第1页）刘全白《唐故翰林学士李君碣记》亦曰："同列者所谤，诏令归山，遂浪迹天下，以诗酒自适。"（同上书，第9页）
4　詹锳主编：《李白全集校注汇释集评》，百花文艺出版社1996年版，第3728页。

斋醉如泥。'"[1] 解说此诗者，都以为是李白与夫人戏谑之语[2]，其实是写实。李白有他的天下抱负，并不满足于家庭生活，十年蹉跎，虚度生命，其内心应该极为苦闷，饮酒因此成为他排遣苦闷的生活方式。

开元十八（730）或十九年（731）间，李白有一次京城之行，然寻求政治机会未果，失意而返。这十年间，李白漫游于河南嵩山、洛阳，湖北襄阳，山西太原，最后移家山东兖州。这一时期，李白"黄金白璧买歌笑，一醉累月轻王侯"（《忆旧游寄谯郡元参军》）[3]，是其纵酒放歌的第一个高峰期。独酌仍是他喝酒的日常状态，开元二十二年（734），白与元丹丘偕隐嵩山颍阳时所作《北山独酌寄韦六》，写其隐居深山的闲适生活："坐月观宝书，拂霜弄瑶轸。倾壶事幽酌，顾影还独尽。"[4] 其中就有顾影自酌。然而更多的是呼朋唤侣的豪饮，如写于开元二十二年（734）的《襄阳歌》。山简为

1 《后汉书》，中华书局 2011 年版，第 2579 页。

2 詹锳系此诗于开元十五年（727），"疑是初婚后与其妻戏谑之词"（詹锳编著：《李白诗文系年》，人民文学出版社 1984 年版，第 9 页）。郁贤皓、倪培翔认为系"自嘲醉酒之甚，戏谑安慰许氏夫人"（郁贤皓主编：《李白大辞典》，广西教育出版社 1995 年版，第 162 页）。

3 詹锳主编：《李白全集校注汇释集评》，百花文艺出版社 1996 年版，第 1943 页。

4 詹锳主编：《李白全集校注汇释集评》，百花文艺出版社 1996 年版，第 1978 页。

晋代名士，其纵酒故事见《晋书·山简传》[1]和《世说新语·任诞》[2]。李白游襄阳，有感于山简故事而发为此诗，如朱谏所言："此即襄阳旧事以寓感慨之意。"[3]此诗虽然是演绎山简饮酒故事，但诗之主旨却值得注意。《李诗直解》说："此白负才不偶，故纵饮放旷。言万事皆虚，独酒为真也。"[4]权力如秦之丞相李斯如何？"咸阳市中叹黄犬"，临东市而叹黄犬，岂能比月下的一杯酒！百姓为其立了遗泪碑的羊公又如何？"君不见晋朝羊公一片古碑材，龟头剥落生莓苔"，其碑之龟头剥落，霉苔生矣。唯清风、明月与自己同在，醉如玉山自倒的身体是真，所以"舒州杓，力士铛，李白与尔同死生"，当百年与酒同生死耳！此诗有对人生的三重否定：否定了权力，即否定了功名；否定了身后声名，即否定了不朽；否定了巫山云梦，即否定了男女情爱。对于人的生命而言，这些都是虚假的，真实

---

1 《晋书·山简传》："简优游卒岁，唯酒是耽。诸习氏，荆土豪族，有佳园池，简每出嬉游，多之池上，置酒辄醉，名之曰高阳池。"载《晋书》，中华书局2011年版，第1229页。

2 《世说新语·任诞》："山季伦为荆州，时出酣畅。人为之歌曰：'山公时一醉，径造高阳池。日莫倒载归，茗芋无所知。复能乘骏马，倒著白接篱。'"载余嘉锡笺疏《世说新语笺疏》，中华书局2013年版，第866页。

3 朱谏：《李诗选注》卷四，明隆庆六年（1572）刊本。

4 詹锳主编：《李白全集校注汇释集评》，百花文艺出版社1996年版，第981页。

的生命，就是山公那样的烂醉如泥，醉生梦死。显然这是李白功名受挫后一时的愤激之语，天宝初李白再入京城，也说明功名对于他来说，仍然是人生最重要的目标，而且一生都未放弃。但此诗也不能仅仅视为李白的假想，借酒浇愁应是他真实生活之一部分。此后李白所作的饮酒大篇，主题大都类此。

天宝初，李白被玄宗召入翰林，出入宫中，陪侍玄宗左右，但饮酒的生活习惯没有改变。不过此时李白交往的多为朝中名士，他此时喝的是名士酒。他的第一个酒友应是太子宾客、银青光禄大夫兼正授秘书监贺知章。《本事诗·高逸》："李太白初自蜀至京师，舍于逆旅。贺监知章闻其名，首访之。既奇其姿，复请所为文。出《蜀道难》以示之。读未竟，称叹者数四，号为'谪仙'，解金龟换酒，与倾尽醉。"[1]天宝六载（747），贺知章已经辞世，李白《对酒忆贺监二首并序》忆及此事说："太子宾客贺公，于长安紫极宫一见余，呼余为'谪仙人'，因解金龟，换酒为乐。没后对酒，怅然有怀，而作是诗。"诗之一："四明有狂客，风流贺季真。长安一相见，呼我

---

1 （唐）孟启等撰：《本事诗·续本事诗·本事词》，李学颖标点，上海古籍出版社1991年版，第17页。

谪仙人。昔好杯中物，翻为松下尘。金龟换酒处，却忆泪沾巾。"不唯是酒友，亦是知己，因此李白的怀念充满深情。《流夜郎赠辛判官》也记载了李白在长安的饮酒圈子："昔在长安醉花柳，五侯七贵同杯酒。气岸遥凌豪士前，风流肯落他人后！夫子红颜我少年，章台走马著金鞭。文章献纳麒麟殿，歌舞淹留玳瑁筵。"[1]酒友是五侯七贵的贵族，并与贺知章、李琎、李适之、崔宗之、苏晋、张旭、焦遂等结为"八仙"之游。此时的纵酒，一洗独饮的落寞和江湖狂饮的放浪不羁，显示了士人的气度与风流。当然醉酒也误事，但在当时士人看来，这才是名士风流。魏颢《李翰林集序》："上皇豫游，召白，白时为贵门邀饮，比至，半醉，令制《出师诏》，不草而成。"[2]杜甫《饮中八仙歌》也说："李白一斗诗百篇，长安市上酒家眠。天子呼来不上船，自称臣是酒中仙。"[3]都是把李白醉酒作为名士风流来写的。即使是玄宗也如此对待之，并给予包容。所以关于李白在宫中的传说，醉使高力士脱靴、贵妃斟酒、醉草吓蛮

1　詹锳主编：《李白全集校注汇释集评》，百花文艺出版社1996年版，第3363—3365、1652—1653页。

2　詹锳主编：《李白全集校注汇释集评》，百花文艺出版社1996年版，第3页。

3　萧涤非主编：《杜甫全集校注》，人民文学出版社2014年版，第137页。

书等，当非无稽之谈，都应有真实生活的影子。

　　天宝三载（744），李白被玄宗赐金放还。从李白离开长安到天宝十四载（755）安禄山之乱，是李白又一个十年漫游时期。李白一入京城，未能寻找到政治机会，离开时虽然不免有政治理想不得实现的寂寞与失落，但毕竟对未来还充满希望。而此次长安的遭遇，则是进了朝廷，有了实现理想的机遇，却得而复失；而且此次离开，既是自己无奈的放弃，也是玄宗的决定，李白失去的可能是永远远离长安，远离朝廷，远离政治，功业之抱负、人生之理想可能永远不得机会实现，所以李白此次的政治挫败感远远超过了他一入京城之不遇。这一时期，纵酒以排遣政治苦闷是李白的重要生活方式，如写于天宝十二载（753）的《赠宣城宇文太守兼呈崔侍御》云："蹉跎复来归，忧恨坐相煎。无风难破浪，失计长江边。危苦惜颓光，金波忽三圆。时游敬亭上，闲听松风眠。或弄宛溪月，虚舟信洄沿。颜公三十万，尽付酒家钱。兴发每取之，聊向醉中仙。过此无一事，静谈《秋水篇》。"[1]这是李白北上燕蓟回到宣城所作，略见此一时期的心理与生活。在心理上，他既为国家

1　詹锳主编：《李白全集校注汇释集评》，百花文艺出版社1996年版，第1757页。

面临的危机忧心如焚，又为自己无力参与政治而憾恨。而其生活则是百无聊赖的，只有靠饮酒打发日月，"或眠敬亭而听松风，或泛宛溪而弄水月，尽沽酒之钱以罄醉乡之趣，读《秋水》之篇以求养生之术而已矣，此外无所为也"[1]。

李白的饮酒诗此时也达到一个新的高峰。从作品看，多见李白独酌或与友朋纵饮，而且醉酒似乎成为常态。因此，此时期的诗中，多有以"醉"为题者，亦多醉态描写。如《月下独酌四首》其四："且须饮美酒，乘月醉高台。"这是写要醉的愿望。《醉后赠从甥高镇》："匣中盘剑装鲳鱼，闲在腰间未用渠。且将换酒与君醉，醉归记宿吴专诸。"[2]所写的是自己已经半醉，兴如奔马，所以，以剑换酒，一醉方休。当然更多的是酒酣而歌舞。饮酒而歌，酒酣而舞，应是唐人聚会习见的场面。《月下独酌四首》其一："我歌月徘徊，我舞影凌乱。"这是诗人举杯对月而舞。《梁园吟》："沉吟此事泪满衣，黄金买醉未能归。连呼五白行六博，分曹赌酒酣驰晖。酣驰晖，歌且谣，意方远。"既有分曹赌酒，又有对酒而歌。《携妓登梁

---

1 朱谏:《李诗选注》卷八，明隆庆六年（1572）刊本。
2 詹锳主编:《李白全集校注汇释集评》，百花文艺出版社1996年版，第3278、1575页。

王栖霞山孟氏桃园中》：“白发对绿酒，强歌心已摧。”《五松山送殷淑》：“载酒五松山，颓然《白云歌》。”已然醉意蒙眬，勉强而歌，聊抒郁闷罢了。此为醉酒而歌，还有醉后而舞。《忆旧游寄谯郡元参军》：“袖长管催欲轻举，汉中太守醉起舞。”此为太守醉后起舞。《过汪氏别业二首》其二：“永夜达五更，吴歈送琼杯。酒酣欲起舞，四座歌相催。”此是诗人酒酣起舞。而《鲁中都东楼醉起作》：“昨日东楼醉，还应倒接䍦。阿谁扶上马？不省下楼时。”则写诗人已经醉得不省人事，“还应”乃是诗人醉醒后的回忆，是否如山简倒戴头巾，谁扶着上的马，如何下的东楼，都不得而知了。《冬夜醉宿龙门觉起言志》：“醉来脱宝剑，旅憩高堂眠。中夜忽惊觉，起立明灯前。”此为醉后醒来之状。也有醉后的走马，如《自广平乘醉走马六十里至邯郸登城楼览古书怀》：“醉骑白花骆，西走邯郸城。扬鞭动柳色，写鞚春风生。”[1]可谓醉酒后的春风得意。还有醉后的失态，《玩月金陵城西孙楚酒楼达曙歌吹日晚乘醉著紫绮裘乌纱巾与酒客数人棹歌秦淮往石头访崔四侍御》：

1　詹锳主编：《李白全集校注汇释集评》，百花文艺出版社 1996 年版，第 3268、1061、2811、2590、1945、3291、3264、3283、3171 页。

"草裹乌纱巾，倒披紫绮裘。两岸拍手笑，疑是王子猷。酒客十数公，崩腾醉中流。谑浪掉海客，喧呼傲阳侯。半道逢吴姬，卷帘出揶歈。"诗人乌纱帽不整，紫绮裘倒披，十余个酒徒手舞足蹈，喧呼笑闹，惹得岸上人拍手嘲笑，指点揶揄，真如《鲁郡尧祠送窦明府薄华还西京》所言"高阳小饮真琐琐，山公酩酊何如我"[1]，醉后放浪之态的确堪比酒徒山简。

　　至德二载（757），李白坐永王璘罪系狱浔阳，乾元元年（758）流放夜郎，二年（759）获释，往来于江夏、浔阳、豫章、金陵、宣城一带，直到去世。李白获囹圄之罪，幸得遇赦而归，打击之大可想而知，故写有《万愤词投魏郎中》："南冠君子，呼天而啼。恋高堂而掩泣，泪血地而成泥。"可谓呼天抢地，泣血成泥。但是李白饮酒、醉酒依然如故。乾元元年流夜郎初离浔阳时所作《流夜郎永华寺寄浔阳群官》云："朝别凌烟楼，贤豪满行舟。暝投永华寺，宾散予独醉。"[2]从诗意看，当是从凌烟楼上船，与"贤豪"们一路饮酒，到了永华

<hr />

1　詹锳主编：《李白全集校注汇释集评》，百花文艺出版社1996年版，第2719、2334页。

2　詹锳主编：《李白全集校注汇释集评》，百花文艺出版社1996年版，第3505、2031页。

寺，李白已经酩酊大醉。上元二年（761），李白流放夜郎回到宣城时所作《赠刘都使》中写道："而我谢明主，衔哀投夜郎。归家酒债多，门客粲成行。高谈满四座，一日倾千觞。所求竟无绪，裘马欲摧藏。"[1]李白举债虽然未必真是酒债，但负债在身、生活困窘当为事实，故有求于刘都使，却没有结果。但此时的李白仍然多有喝酒的宾朋，一日而倾千觞。他不仅饮酒如故，酒间歌舞亦如故。《对酒醉题屈突明府厅》是上元元年（760）李白寓家豫章时所作，诗人访建昌县衙，然故人建昌县宰不在，醉题其诗于厅中，故有"陶令八十日，长歌《归去来》。故人建昌宰，借问几时回"之句。从诗中也可看到李白的醉态："风落吴江雪，纷纷入酒杯。山翁今已醉，舞袖为君开。"[2]是一个人对雪饮酒以怀故人，醉后又对雪而舞。写于上元二年（761）的《对雪醉后赠王历阳》："君家有酒我何愁，客多乐酣秉烛游。谢尚自能鸲鹆舞，相如免脱鹔鹴裘。清晨兴罢过江去，他日西看却月楼。"[3]谢尚、相如二句用典，是用

1 詹锳主编：《李白全集校注汇释集评》，百花文艺出版社 1996 年版，第 1657—1659 页。
2 詹锳主编：《李白全集校注汇释集评》，百花文艺出版社 1996 年版，第 3266 页。
3 詹锳主编：《李白全集校注汇释集评》，百花文艺出版社 1996 年版，第 1749 页。

二人比主人和客人，以司马相如所穿之鹔鹴裘贳酒，比王历阳待客饮酒之豪爽；而以谢尚能作鸲鹆舞，写自己醉后之舞。同是上元二年（761）作的《送殷淑三首》，从诗看，则是喝了一夜送别酒："痛饮龙筇下，灯青月复寒。醉歌惊白鹭，半夜起沙滩。"[1] 醉后而歌，惊起一滩白鹭。醉而歌舞的习惯一直保持到李白去世前，宝应元年（762）所写的《九日龙山饮》云："九日龙山饮，黄花笑逐臣。醉看风落帽，舞爱月留人。"[2] 虽为罪臣，依旧是自斟自饮，对月而歌而舞。

李白不仅喝酒如故，纵酒时的万丈豪情亦丝毫不减，如写于乾元二年（759）的《自汉阳病酒归寄王明府》："愿扫鹦鹉洲，与君醉百场。"《江夏赠韦南陵冰》："我且为君捶碎黄鹤楼，君亦为吾倒却鹦鹉洲。"《陪侍郎叔游洞庭醉后三首》之三："划却君山好，平铺湘水流。巴陵无限酒，醉杀洞庭秋。"《醉后答丁十八以诗讥予捶碎黄鹤楼》："黄鹤高楼已捶碎，黄鹤仙人无所依……待取明朝酒醒罢，与君烂漫寻春晖。"[3] 这些

1　詹锳主编：《李白全集校注汇释集评》，百花文艺出版社 1996 年版，第 2472 页。

2　詹锳主编：《李白全集校注汇释集评》，百花文艺出版社 1996 年版，第 2932 页。

3　詹锳主编：《李白全集校注汇释集评》，百花文艺出版社 1996 年版，第 2037、1726、2890、2743—2744 页。

饮酒诗多呈狂态，动辄扫平鹦鹉洲，捶碎黄鹤楼，铲去君山，借洞庭赊取月色，醉杀洞庭秋色，极尽夸饰之能事。看似酒兴豪情不减当年，甚至胜过当年，实则蕴含着一个老者贾其余勇夸其酒胆的意态，已经有了"佯狂殊可哀"（杜甫《不见》）[1]的意味。

二

李白之纵酒，首先是为了挥斥政治失志之忧愤。而他一生矢志不移追求功业，源自对生命本质的认识：生命不仅要自然归于死亡，而且在世的时间亦十分短暂，生命的意义即在于济天下、得荣名、享不朽。所以他政治上所遭受的挫折，实则就是他追求生命价值与意义所遭受的打击，饮酒挥斥忧愤就是挥斥生命之苦愤。

玄宗召入翰林之前，李白寻找不到晋身的政治机会，苦于时光虚掷，荒废年华。进入朝廷之后，又为玄宗对自己以倡优蓄之而苦恼，于是浪迹纵酒。赐金放还，更使其失去实现理想

1　萧涤非主编：《杜甫全集校注》，人民文学出版社 2014 年版，第 2418 页。

抱负的信心。"弃我去者昨日之日不可留，乱我心者今日之日多烦忧。"（《宣州谢朓楼饯别校书叔云》）[1]可以说，李白一生都在为政治抱负不得施展、生命价值和意义不得实现而忧虑苦闷，因此饮酒成为李白排遣苦闷的一种生活方式。《月下独酌四首》其四即反映出李白借酒浇愁的心理："穷愁千万端，美酒三百杯。愁多酒虽少，酒倾愁不来。所以知酒圣，酒酣心自开。辞粟卧首阳，屡空饥颜回。当代不乐饮，虚名安用哉？蟹螯即金液，糟丘是蓬莱。且须饮美酒，乘月醉高台。"[2]之所以乐饮，是因为心中愁绪万端，只能借酒浇熄，使心情变得开朗，醉酒之境就是万事不扰的仙境。所为何愁？《冬夜醉宿龙门觉起言志》写道："傅说板筑臣，李斯鹰犬人。飙起匡社稷，宁复长艰辛！而我胡为者？叹息龙门下。富贵未可期，殷忧向谁写？去去泪满襟，举声《梁甫吟》。青云当自致，何必求知音。"[3]傅说乃负土筑墙之人，李斯亦传为牵黄犬、驾猎鹰之人，二人皆贫贱而起为重臣者，而李白自己却未遇知音，功名无就，富贵无期，故心中充满深深的忧虑，醉酒以排遣心中之惆

1 詹锳主编：《李白全集校注汇释集评》，百花文艺出版社1996年版，第2567页。
2 詹锳主编：《李白全集校注汇释集评》，百花文艺出版社1996年版，第3278页。
3 詹锳主编：《李白全集校注汇释集评》，百花文艺出版社1996年版，第3283页。

怅。又写于天宝八载（749）的《醉后赠从甥高镇》云："江东风光不借人，枉杀落花空自春。"[1]此诗依旧是写光阴不等人、人生易老而英才不得其用之意，所以诗人要倾家以换酒钱，与友人悲歌酣饮以求一醉。"时清不及英豪人，三尺童儿唾廉蔺"，真乃一肚皮的牢骚！连三尺儿童都要唾弃廉颇和蔺相如这样的将相之才，可见今日之"清明盛世"，真是无须人才了，有多少英才埋没民间啊！诗人反话正说，对朝廷的用人之道极为不满。

李白以酒挥斥忧愤的诗中，常常纠结着生命存在的诸多矛盾。如具有代表性的诗篇《将进酒》：

君不见黄河之水天上来，奔流到海不复回。

君不见高堂明镜悲白发，朝如青丝暮成雪。

人生得意须尽欢，莫使金樽空对月。

天生我材必有用，千金散尽还复来。

烹羊宰牛且为乐，会须一饮三百杯。

岑夫子、丹丘生，进酒君莫停。

与君歌一曲，请君为我倾耳听。

钟鼓馔玉不足贵，但愿长醉不用醒。

古来圣贤皆寂寞，唯有饮者留其名。

陈王昔时宴平乐，斗酒十千恣欢谑。

主人何为言少钱，径须沽取对君酌。

五花马，千金裘，

呼儿将出换美酒，与尔同销万古愁。[1]

或以为作于开元二十三年（735），或以为作于天宝元年
（742）[2]，然玩其诗意，显然是李白长安放还后为释放苦闷而作，
因此诗中充满了情感与思想上的矛盾。

首先，美好的生命与生命苦短、人生易老之间的矛盾要用
酒来缓解。生命是美好的，然而黑发转瞬即白、不复再青，人

1　詹锳主编：《李白全集校注汇释集评》，百花文艺出版社 1996 年版，第 358—
　　363 页。

2　安旗系于开元二十四年（736），认为"此种特点之诗，求之开元前期不可得，
　　求之天宝年间亦不可得，实非此期莫属"（安旗主编：《李白全集编年注释》，巴
　　蜀书社 1990 年版，第 299 页）；郁贤皓系于开元二十三年（735）（参见郁贤皓
　　选注《李白选集》，上海古籍出版社 1990 年版，第 125 页）；王运熙、杨明以为
　　天宝初作于梁宋、东鲁一带（参见王运熙、杨明《关于李白〈蜀道难〉〈将进酒〉
　　〈梁甫吟〉〈远别离〉的写作年代》，载李白研究学会编《李白研究论丛》第 1 辑，
　　巴蜀书社 1987 年版）。

生岁月之一去不回，若黄河东流向海，没有回波。生命易逝如此，安得不及时行乐、饮酒为欢！这样的诗，在李白集中有很多，如《携妓登梁王栖霞山孟氏桃园中》："碧草已满地，柳与梅争春。谢公自有东山妓，金屏笑坐如花人。今日非昨日，明日还复来。白发对绿酒，强歌心已摧。君不见梁王池上月，昔照梁王樽酒中。梁王已去明月在，黄鹂愁醉啼春风。分明感激眼前事，莫惜醉卧桃园东。"[1]时间长河的特点是既不为物亦不为人而暂停，日复一日，所以当一位白发之人面对碧草如茵、柳梅争俏、黄鹂鸣春之景，暮年之悲感自会十分强烈，所以要惜此春光、莫辞一醉。《待酒不至》抒发的是同样的情感："玉壶系青丝，沽酒来何迟！山花向我笑，正好衔杯时。晚酌东窗下，流莺复在兹。春风与醉客，今日乃相宜。"[2]山花向人笑时正好是喝酒之时，春风与醉客两相宜，趁此春光及时为欢。

在此类诗中，如《春江花月夜》那样最有宇宙意识也最唯美者当数《把酒问月（故人贾淳令余问之）》："青天有月来几

1　詹锳主编：《李白全集校注汇释集评》，百花文艺出版社 1996 年版，第 2811 页。
2　詹锳主编：《李白全集校注汇释集评》，百花文艺出版社 1996 年版，第 3293 页。

时？我今停杯一问之。人攀明月不可得，月行却与人相随。皎如飞镜临丹阙，绿烟灭尽清晖发。但见宵从海上来，宁知晓向云间没。白兔捣药秋复春，姮娥孤栖与谁邻？今人不见古时月，今月曾经照古人。古人今人若流水，共看明月皆如此。唯愿当歌对酒时，月光长照金樽里。"[1] 闻一多评价《春江花月夜》说："更敻绝的宇宙意识！一个更深沉、更寥廓、更宁静的境界！在神奇的永恒前面，作者只有错愕，没有憧憬，没有悲伤。"[2] 闻一多的评价可挪用于李白此首饮酒诗。"青天有月来几时？我今停杯一问之"，只此一问就是深沉而又寥廓的宇宙之问。不过在永恒的穹空与明月面前，李白没有错愕，因为诗人对月亮之永恒的认识是清醒的，此问乃是明知故问。此问的归宿在人，在不识古时月亮的今人，在不识今时月亮的古人，在于似流水一样来而复去、去而复来、不停逝去的人流。在月亮面前，人是如此之易逝，人生是如此之匆促！而此时的月亮则似宇宙老人，悲悯地看着可怜无助的人。诗人也没有憧憬，没有悲伤，因为他知道这无法改变，他唯一能做的就是旷达地面

1　詹锳主编：《李白全集校注汇释集评》，百花文艺出版社1996年版，第2858页。

2　闻一多：《宫体诗的自赎》，载《闻一多唐诗杂论》，吉林出版集团股份有限公司2017年版，第18页。

对这一切，对月饮酒，快乐地度过此生。

李白生命苦短之叹，皆与其功业理想未能实现相关，因此人生易老、及时行乐，所反映的是生命短促而功名理想迟迟未能实现的矛盾。

其次，自恃为天纵奇才与对玄宗倡优蓄之的愤懑，要用酒来消解。李白被玄宗召入翰林，而且颇受礼遇，对于布衣之士李白而言，其追求功名的愿望自可说获得了实现。不过，玄宗对李白的认识和使用，前后有很大变化。李白初入朝廷时，玄宗对其甚为器重，"降辇步迎，如见绮、皓……出入翰林中，问以国政，潜草诏诰"（李阳冰《草堂集序》），且欲委以"纶诰之任"（刘全白《唐故翰林学士李君碣记》），即中书舍人之职。然而，或因为同列者的谗言，或由于李白经常醉酒承诏，玄宗非但未委以重任，而且故意疏远之。李白在宫中，不过陪侍玄宗、承诏以写歌诗。这样的待遇与他的政治抱负差之甚远。不过，李白坚信"天生我材必有用"[1]，自信个人为天生的俊才，终会得到重用，酒资之钱何须虑也，尽情纵酒为乐

---

[1] 此句一作"天生我身必有财"，又作"天生吾徒有俊材"，敦煌残卷作"天生吾徒有俊才"，于此可见李白修改诗句的痕迹。参见詹锳主编《李白全集校注汇释集评》，百花文艺出版社1996年版，第360页"校记"。

而已。

其三，"钟鼓馔玉"生活的虚幻给诗人带来的幻灭感，要用酒来填充。李白出身寒素，出于快乐主义的生命观[1]，他对钟鸣鼎食的富贵生活还是充满向往的。但长安三年，出入宫廷，陪侍皇帝左右，多与豪贵交，耳濡目染，体验并熟悉了王侯贵族的豪奢生活之后，李白认识到了这种表面奢华所掩盖的空虚。尤其是遭到玄宗体面的黜退后，李白更增加了钟鼓馔玉不过一时的幻灭感，酒即成为他忘却这一切的麻醉剂。

其四，圣贤的寂寞与纵乐者留名的矛盾，要用酒来开释。本来，历史上留名者多为圣贤、英雄，或建功立业，或著书立说，皆可不朽。李白对此不是不知，他的诗中，对此歌颂甚多。李白说"古来圣贤皆寂寞"，可能有两个含义：要么是圣者贤人生前皆寂寞，如果是这个意思，则李白是为圣贤的命运鸣不平；要么是死后寂寞，而此显然不符合历史实际，圣贤的实际情况是生前寂寞而身后有名，并不寂寞。如果是后一个意思，则李白是在说愤激之言，说反话，即圣贤

---

1 参见詹福瑞《"人生得意须尽欢"——试论李白的快乐主义生命观》，《文艺研究》2018年第8期。

建立了不朽功业，立言传世，又有何用？反不如饮酒作乐者既享乐于现世，又留下了身后之名，如"斗酒十千恣欢谑"的陈王曹植。这种玩世不恭的反语，充满了对现实的不满和批判。

写于天宝九载（750）的《答王十二寒夜独酌有怀》，可视为《将进酒》的注脚：

　　昨夜吴中雪，子猷佳兴发。

　　万里浮云卷碧山，青天中道流孤月。

　　孤月苍浪河汉清，北斗错落长庚明。

　　怀余对酒夜霜白，玉床金井冰峥嵘。

　　人生飘忽百年内，且须酣畅万古情。

　　君不能狸膏金距学斗鸡，坐令鼻息吹虹霓。

　　君不能学哥舒，横行青海夜带刀，西屠石堡取紫袍。

　　吟诗作赋北窗里，万言不值一杯水。

　　世人闻此皆掉头，有如东风射马耳。

　　鱼目亦笑我，请与明月同。

　　骅骝拳跼不能食，蹇驴得志鸣春风。

折杨、黄花合流俗，晋君听琴枉清角。

巴人谁肯和阳春？楚地由来贱奇璞。

黄金散尽交不成，白首为儒身被轻。

一谈一笑失颜色，苍蝇贝锦喧谤声。

曾参岂是杀人者？谗言三及慈母惊。

与君论心握君手，荣辱于余亦何有！

孔圣犹闻伤凤麟，董龙更是何鸡狗！

一生傲岸苦不谐，恩疏媒劳志多乖。

严陵高揖汉天子，何必长剑拄颐事玉阶？

达亦不足贵，穷亦不足悲。

韩信羞将绛灌比，祢衡耻逐屠沽儿。

君不见李北海，英风豪气今何在？

君不见裴尚书，土坟三尺蒿棘居？

少年早欲五湖去，见此弥将钟鼎疏！ [1]

萧士赟注以为此诗"造语用事，错乱颠倒，绝无伦理，董

1　詹锳主编:《李白全集校注汇释集评》，百花文艺出版社 1996 年版，第 2700—2707 页。

龙一事，尤为可笑，决非太白之作，乃元儒所谓五季间学太白者所为耳"。朱谏亦赞同此说。[1] 其实，只有把《答王十二寒夜独酌有怀》和《将进酒》放在一起，才会看到二诗在情感、思想基调上的一致性。《答王十二寒夜独酌有怀》之"人生飘忽百年内，且须酣畅万古情"，就是《将进酒》"君不见高堂明镜悲白发，朝如青丝暮成雪。人生得意须尽欢，莫使金樽空对月"的压缩版，不用分析，即可看出其思想情感的相同之处。《答王十二寒夜独酌有怀》之"君不见李北海，英风豪气今何在？君不见裴尚书，土坟三尺蒿棘居。少年早欲五湖去，见此弥将钟鼎疏"，就是《将进酒》"钟鼓馔玉不足贵，但愿长醉不用醒"的补注。荣华富贵之不足据，不仅表现在此种生活之空虚，还表现在政治之不公平、仕途之险恶、世事之无常。李邕本为玄宗朝名士，历任括、淄、滑州刺史，后入朝，"后生望风内谒，门巷填隘"[2]。但为人嫉妒谗毁，不得留于朝中，出为北海太守，后被李林甫附会罪名而杖杀。诗中所言"裴尚书"，当为裴敦复，玄宗朝曾为刑部尚书，为李林甫所嫉，贬淄川太

---

1 朱谏曰："士赞此论大概得之。"〔朱谏：《李诗辨疑》卷下，明隆庆六年（1572）刊本〕
2 《新唐书》，中华书局 2011 年版，第 5757 页。

守，与李邕皆坐刘勋事被杖杀。二人贵为刺史、尚书，然终不免一死。李白自身遭遇之变化无端，虽然不能与李邕、裴敦复命运之惨烈相比，但从玄宗以特例召入翰林，备受恩宠，到遭人谗言毁谤，以致玄宗故意疏远、放还江湖，亦与李、裴二人颇为相近。因此，与其汲汲于功名、留恋于官场，不如远离权力的绞杀场，饮酒去也。《答王十二寒夜独酌有怀》之"吟诗作赋北窗里，万言不值一杯水""巴人谁肯和阳春？楚地由来贱奇璞""孔圣犹闻伤凤麟"，就是《将进酒》"古来圣贤皆寂寞，唯有饮者留其名"的详细注解。

总之，李白饮酒，首先是为了抒发政治抱负不得施展、生命价值与意义不得实现的苦闷。从积极意义上说，他的饮酒诗是对黑暗政治的一种抗议与批判。如林庚所言："他说：'钟鼓馔玉不足贵'，'一日须尽三百杯'，'一醉累月轻王侯'！这里尽管是强调了饮酒，而它的实质却正在于那'轻王侯'的歌唱上。"[1]正因为如此，他的这一类饮酒诗任达放荡，其激愤之情感常以放达之语出之，如"人生得意须尽欢，莫使金樽空对月""钟鼓馔玉不足贵，但愿长醉不用醒""古来圣贤皆寂

1　林庚:《诗人李白》，上海古籍出版社2000年版，第8页。

窦，唯有饮者留其名"，"吟诗作赋北窗里，万言不值一杯水"，情感之抒发性、冲击性都很强。当然，李白之饮酒，不仅仅是借酒浇愁、释放其政治苦闷而已，也有以酒来舒缓对生命、对生活、对人世间许多矛盾纠结不得其解的心绪的意图，这样的饮酒诗，是考察李白丰富的内心世界的重要通道。

三

李白的饮酒，是为了借酒醉麻痹自己的神经，暂时忘掉政治理想不得实现、生命苦短等愁烦，如《友人会宿》所说："涤荡千古愁，留连百壶饮。良宵宜清谈，皓月未能寝。醉来卧空山，天地即衾枕。"[1]他留连饮酒，是为了消除"千古愁"，醉酒之后，方有"天地即衾枕"的大自在。《拟古十二首》其八亦言："月色不可扫，客愁不可道。玉露生秋衣，流萤飞百草。日月终销毁，天地同枯槁。蟪蛄啼青松，安见此树老？金丹宁误俗，昧者难精讨。尔非千岁翁，多恨去世早。饮酒入玉

1　詹锳主编：《李白全集校注汇释集评》，百花文艺出版社1996年版，第3297页。

壶，藏身以为宝。"[1]诗人说，客愁似月色一样不可扫除，亦不可言说。但他还是说了，他所愁者，乃在天地日月终有尽时，渺小如人者更何以堪！所以他要藏身玉壶，即藏身酒乡，委身于大化。《拟古十二首》其三："长绳难系日，自古共悲辛……仙人殊恍惚，未若醉中真。"[2]诗意与此相同。

这虽然是李白对待现实的一种消极的行为，但反映到其饮酒诗中，却呈现出诗人通过饮酒达到精神自在、心灵自由的积极意义。在这些作品中，李白自觉地融入了庄子的遗情和外物思想，并把它生动地表现在诗的境界中。或者说在醉酒之中，其精神状态恰与庄子的"坐忘"之境相契合，以至于他的饮酒诗对醉态的描写已经超越了对酒的物质的感官的享受，上升到了审美的态度，形象地描绘出精神出离世外的自由与自在。

庄子尚自然，讲"人的自然化"，"讲人必须舍弃其社会性，使其自然性不受污染，并扩而与宇宙同构才能成为真正的人。庄子认为只有这种人才是自由的人、快乐的人"[3]。怎样

1　詹锳主编:《李白全集校注汇释集评》，百花文艺出版社1996年版，第3422页。
2　詹锳主编:《李白全集校注汇释集评》，百花文艺出版社1996年版，第3407页。
3　李泽厚:《哲学纲要》，北京大学出版社2011年版，第329页。

才能成为这种快乐的、自由的人？方法很多，其中最重要的是"外物""坐忘"与"遗情"。《庄子·大宗师》借颜回之口说："堕肢体，黜聪明，离形去知，同于大通，此谓坐忘。"所谓"坐忘"，就是不知有身体，不知有精神，不知有外物，"既忘其迹，又忘其所以迹者，内不觉其一身，外不识有天地，然后旷然与变化为体而无不通也"。[1]

李白饮酒，所要寻找的正是此等不知有我、不知有外物之妙境。《春日独酌二首》其二："我有紫霞想，缅怀沧洲间。且对一壶酒，澹然万事闲。横琴倚高松，把酒望远山。长空去鸟没，落日孤云还。但恐光景晚，宿昔成秋颜。"《独酌》："春草如有意，罗生玉堂阴。东风吹愁来，白发坐相侵。独酌劝孤影，闲歌面芳林。长松尔何知，萧瑟为谁吟？手舞石上月，膝横花间琴。过此一壶外，悠悠非我心。"[2]此处，李白所愁者，依旧是光阴催逼人老，依旧是孤独于人世的悲伤，但是作为对待生命的快乐主义者，李白要寻找解脱之道，因此而有世外之思，因此而有升仙之想。但既然一时无法成为神仙，姑且饮酒

---

1 （清）郭庆藩：《庄子集释》，中华书局 2013 年版，第 259 页。

2　詹锳主编：《李白全集校注汇释集评》，百花文艺出版社 1996 年版，第 3300、3294—3295 页。

以达到神仙境界，于是他在月下松间弹琴饮酒，看落日于云中而没，飞鸟于长空而渺，怡情于美酒、美景与音乐之间，淡然忘掉尘世一切。《自遣》："对酒不觉瞑，落花盈我衣。醉起步溪月，鸟还人亦稀。"[1]写的亦是酒后远离人间、与自然一体的境界。在《山中与幽人对酌》中，不仅是人与物的天地，也有人与人的关系："两人对酌山花开，一杯一杯复一杯。我醉欲眠卿且去，明朝有意抱琴来。"[2]"我醉欲眠卿且去"，用的是陶渊明故事。据《宋书·陶渊明传》，陶渊明喜喝酒，"贵贱造之者，有酒辄设。潜若先醉，便语客：'我醉眠，卿可去。'其真率如此"[3]。李白用此故事写人我之间的真淳关系，诚如《唐诗真趣编》所云："'我醉欲眠卿且去'固是醉中语，亦是幽人对幽人，天真烂漫，全忘却行迹周旋耳。"[4]酒后的人与人之间，变得更加真淳，宛如天籁。

值得注意的是，李白的饮酒诗有诸多作品同其山水诗、游仙诗一样，都表现出一种心灵摆脱拘束，获得自由、陶然忘

1　詹锳主编：《李白全集校注汇释集评》，百花文艺出版社1996年版，第3340页。
2　詹锳主编：《李白全集校注汇释集评》，百花文艺出版社1996年版，第3313页。
3　《宋书》，中华书局2011年版，第2288页。
4　郁贤皓校注：《李太白全集校注》，凤凰出版社2015年版，第2934页。

机的境界，即审美的境界。《月下独酌四首》其二："天若不爱酒，酒星不在天。地若不爱酒，地应无酒泉。天地既爱酒，爱酒不愧天。已闻清比圣，复道浊如贤。贤圣既已饮，何必求神仙？三杯通大道，一斗合自然。但得醉中趣，勿为醒者传。"[1] "天若不爱酒"，为何天上有酒星？"地若不爱酒"，为何地上有酒泉？由此可见天地都是爱酒的。李白就是要证明人之爱酒是符合天性的。酒中之趣，或曰酒之秘密，在于喝上三杯可通大道，喝了一斗合于自然。这个自然，就是庄子所说的道。庄子以坐忘达于自然，而李白却是以醉酒达于自然。此之自然，就是心灵摆脱了一切束缚，获得了释放与自由。在《月下独酌四首》其三中，李白对一斗合于自然的状态做了具体描述："三月咸阳时，千花昼如锦。谁能春独愁？对此径须饮。穷通与修短，造化夙所禀。一樽齐死生，万事固难审。醉后失天地，兀然就孤枕。不知有吾身，此乐最为甚。"[2] 三月里的独酌，固然是孤独引起的，这有《月下独酌四首》其一可证。而千花似锦的春天，更加剧了诗人的寂寞愁烦，只有一醉，才会

1　詹锳主编：《李白全集校注汇释集评》，百花文艺出版社1996年版，第3272页。
2　詹锳主编：《李白全集校注汇释集评》，百花文艺出版社1996年版，第3276页。

解此孤独与寂寞。醉中世界，是一个死生、天地、物我同忘的空灵世界。这样的醉中世界就是庄子"吾忘我"的境界，与坐忘、心斋所达到的境界颇为一致。《春日醉起言志》把这样的醉态写得十分逼真："处世若大梦，胡为劳其生？所以终日醉，颓然卧前楹。觉来眄庭前，一鸟花间鸣。借问此何时？春风语流莺。感之欲叹息，对酒还自倾。浩歌待明月，曲尽已忘情。"[1]说是言志，但与一般的言志诗有很大不同。诗人并没有直接写志，而是描写他的醉态和醉中生活。春天之所以恼人，就在于它既是生命勃发的季节，又是勃发的生命凋零的季节，而且这一生命的转换是那么的短暂与突然！诗人因此对瞬间存在而又终归虚无的生命本质有了洞彻，感慨人生若梦，对酒自斟自饮以求一醉。此后的浩歌已是醉中之歌，所以一曲终了就进入陶然忘情的中圣境界。由此来看，李白之志，就是以醉中之梦应对人生之梦，争取精神的自由。这种超然于现实世界之上的情感和态度，就其本质来看，乃是一种审美的态度。"因为超出眼前狭隘的功利，肯定个体的自由的价值，正是人对现

1　詹锳主编：《李白全集校注汇释集评》，百花文艺出版社1996年版，第3315页。

实的审美感受的一个极其重要的本质特征。"[1]此种对于生存状态的审美的态度，起自物质，达于精神；缘自现实之苦闷，却进入超越现实的快乐和适意，是士人的个体生命意识高度觉悟后而产生的对于生命目的的更深层次的追求，是典型的中国士人的生命意识。

再进一步深究，这是一种什么性质的美感？是心力战胜人世欲念与利害关系所产生的崇高感。一般认为，带给人震撼的崇高美来自自然的壮观或事件的奇伟，然而亦如叔本华所说，事实上崇高之美也来自人心灵的力量[2]，这里就包括对生活中利害关系的全然超脱而达到的心理平衡。乔治·桑塔耶纳论美感说："如果我们因为意识到这个世界的苦难而要求自我解脱称为禁欲主义（斯多葛式）的崇高，那么我们也可以说有一种通过维持心理平衡而求得自我解脱的享乐主义（伊壁鸠鲁式）的崇高。"又云："崇高感本质上是神秘的，它超越一切清晰的知觉并催生出统一感和包容感。道德领域内同样如此，我们胸中

1　李泽厚、刘纲纪：《中国美学史》第一卷，中国社会科学出版社1994年版，第241页。

2　叔本华指出："悲剧使我们超越了意欲及其利益，并使我们在看到与我们意欲直接抵触的东西时感觉到了愉悦。"（［德］叔本华：《叔本华美学随笔》，韦启昌译，上海人民出版社2018年版，第46页）

的各种感情互相抵消，最后这些感情在包容中平静下来。这是享乐主义者达到超脱和完美境界的方法，它刻意吸取一切本能欲望达到禁欲主义者和遁世苦修者故意舍弃一切本能欲望所达到的同样目的。因此，即使对象没有对不幸的表现，也有可能被感动而取得构成崇高感的自我解放。"[1]乔治·桑塔耶纳的话用来分析李白饮酒诗所产生的美感，再恰切不过。在中国古代，酒与色往往连在一起，同为人的欲望的代名词，如上文所引王安石评价李白，说其诗十之八九不离妇人与酒，就是从人的欲望的角度评价李白诗歌，并从道德的高度给予批评。李白饮酒自然亦从欲望出发，但是最终却升华到脱离欲望、摆落利害、遗物忘我的境界，酒在其中发挥了催化剂的作用。正是酒激发了诗人精神的力量，使之战胜了个人的得失欲望，战胜了人世的苦闷、烦恼，达到了心灵的平衡，使灵魂归于平静和熨帖。此类饮酒诗所产生的崇高感，即来自平静、超然的诗之境界中所蕴含的诗人强大的精神力量。

---

1 ［美］乔治·桑塔耶纳:《美感》，杨向荣译，人民出版社 2013 年版，第180—181、182 页。

四

　　把饮酒上升到审美的态度，这在唐代饮酒诗中实为罕见。唐之饮酒诗，一类是宴乐酒，如魏元忠《修书院学士奉敕宴梁王宅》、张九龄《奉和圣制登封礼毕洛城酺宴》、宋之问《麟趾殿侍宴应制》、李峤《甘露殿侍宴应制》[1]，多谀颂之作。一类是饯别酒，如杜甫《王阆州筵奉酬十一舅惜别之作》："万壑树声满，千崖秋气高。浮舟出郡郭，别酒寄江涛。良会不复久，此生何太劳？"[2]多写别离之情。一类是排忧酒，如孟郊《劝酒》："白日无定影，清江无定波。人无百年寿，百年复如何。堂上陈美酒，堂下列清歌。劝君金曲卮，勿谓朱颜酡。松柏岁岁茂，丘陵日日多。君看终南山，千古青峨峨。"[3]此诗与李白饮酒诗最为接近，亦是有感于人生易老、岁月难留，劝人以饮酒解除苦闷。在写以酒排忧的诗中，最有代表性的是杜甫《醉时歌》，作于天宝十三载（754）春，原注云："赠广文馆博士

1　（清）彭定求等编：《全唐诗》，中华书局1960年版，第556、596、632、692页。

2　萧涤非主编：《杜甫全集校注》，人民文学出版社2014年版，第2933页。

3　（清）彭定求等编：《全唐诗》，中华书局1960年版，第4196页。

郑虔。"[1]郑虔见赏于宰相苏颋，被颋推荐为著作郎，后遭人诬告私撰国史，因罪外贬十年。唐玄宗因爱其才，置广文馆，任虔为博士。虔与李白、杜甫友好，颇具才华，其诗、书、画被玄宗称为"三绝"，但其生平穷饥坎坷。关于此诗主旨，《杜臆》的解释最为准确："此篇总是不平之鸣，无可奈何之词，非真谓垂名无用，非真薄儒术，非真齐孔、跖，亦非真以酒为乐也。杜诗'沉醉聊自遣，放歌破愁绝'，即此诗之解，而他诗可以旁通。自发苦情，故以《醉时歌》命题。"《杜诗言志》亦云："读先生此诗，几疑其为好饮者也，然而非先生也。又或谓先生托此而逃焉者，亦非也。盖好饮止可加于嵇、阮，而托而逃焉者，第可施之于靖节。而先生则以经世之才，急用世之志，所遭不偶，与郑虔负'三绝'之望，徒就广文之冷署者略同。故一腔牢落不平之气，聊寄于曲蘖以自遣。"[2]诗中写自己与郑虔"得钱即相觅，沽酒不复疑。忘形到尔汝，痛饮真吾师"[3]，虽然经常喝到忘掉你我的程度，但从此诗看，他们一起纵酒，是为了排遣穷愁不得志的苦闷。杜甫《苏端薛复筵简薛

1　萧涤非主编：《杜甫全集校注》，人民文学出版社2014年版，第410页。
2　萧涤非主编：《杜甫全集校注》，人民文学出版社2014年版，第415页。
3　萧涤非主编：《杜甫全集校注》，人民文学出版社2014年版，第410页。

华醉歌》"如渑之酒常快意，亦知穷愁安在哉"[1]，亦属此类。

还有一类是闲酒。中唐诗人中，元稹和白居易的饮酒诗最多，后者多属闲酒类，如《适意二首》其一："一朝归渭上，泛如不系舟。置心世事外，无喜亦无忧。终日一蔬食，终年一布裘。寒来弥懒放，数日一梳头。朝睡足始起，夜酌醉即休。人心不过适，适外复何求？"[2] 诗人置身世外，知足无求，或临花而醉，或夜酌而眠，皆是闲适生活之写照。皮日休《闲夜酒醒》写的也是醉酒醒来后的闲适之感："醒来山月高，孤枕群书里。酒渴漫思茶，山童呼不起。"[3] 这类饮酒诗很容易与表现了超然境界的饮酒诗相混，实则是有区别的。闲酒，喝的是闲适酒，饮酒是其闲适生活之一种情状，并非如超然酒那样在醉酒中全然忘却了世界，忘却了自我。

细数唐代饮酒诗，大致不出以上四类，而像李白那样直接描写饮酒并进入陶然忘机境界的作品并不多见。李白的此类饮酒诗，在唐代很难找到知音，上溯到晋宋时期，从陶渊明的饮酒诗中可以发现同类作品。从深层次看，李白吟咏生命意识的

1　萧涤非主编：《杜甫全集校注》，人民文学出版社 2014 年版，第 697 页。

2　谢思炜：《白居易诗集校注》，中华书局 2006 年版，第 529 页。

3　（清）彭定求等编：《全唐诗》，中华书局 1960 年版，第 7093 页。

诗歌，多有陶渊明的影子在，尤其是其遗情舍物的情怀，与陶渊明《饮酒诗》颇为相近。陶渊明《饮酒诗》其七："秋菊有佳色，裛露掇其英。泛此忘忧物，远我遗世情。一觞虽独进，杯尽壶自倾。日入群动息，归鸟趋林鸣。啸傲东轩下，聊复得此生。"[1] 本来陶渊明息交绝游，已经是遗忘俗世了，"今持菊饮酒，则连我遗忘俗世之情亦忘之矣"[2]。此诗不写饮酒之醉，但只一句"杯尽壶自倾"，就写尽了杯空壶倒的醉酒之状。而日落西山，万籁俱寂，只闻归鸟飞回林中的鸣叫，已然是醉中心灵与自然合为一体的精神状态。《饮酒诗》其十四写醉后之状："故人赏我趣，挈壶相与至。班荆坐松下，数斟已复醉。父老杂乱言，觞酌失行次。不觉知有我，安知物为贵。悠悠迷所留，酒中有深味。"[3] 相与挈壶而至、来请诗人喝酒的父老们，醉酒之后已经言行不能自主了，而诗人则进入了悠悠然不知有我、不知有物、不知身在何处的精神境界。所谓的酒中深味、酒中真趣，就是此种悠然忘我的自由情状。这种精神境界，与李白的

1　袁行霈：《陶渊明集笺注》，中华书局 2003 年版，第 252 页。
2　方祖燊：《陶潜诗笺注校证论评》，（台湾）兰台书局 1971 年版，第 146—147 页。
3　袁行霈：《陶渊明集笺注》，中华书局 2003 年版，第 268 页。

"醉后失天地""曲尽已忘情"完全相同，是一般饮者亦会获得，而只有深谙庄子逍遥之理的人才会在诗中表现出来的审美诗境。

（原刊《文艺研究》2020年第8期）